“ゲームをしよう”

主人公キャラは読者のみんな。ゴールは“幸せ”になること。

一昔前の冒険ものロールプレイングゲームを想像して欲しい。
ステージごとに試行錯誤しながら新しい武器をゲットし、
それらをフル活用して、待ち受ける数々の妖怪やモンスターを倒し、
難攻不落の魔境ハピネス山脈の頂上にある伝説の秘宝をゲットする。
そんなゲームの攻略本のイメージで、この本を読み進めていって欲しい。

準備はいいかい?

Happy Quest

WRITTEN BY EIJI HAN SHIMIZU PRESENTED BY FACTORY 4 WORKS

Cape
Ash Beach
ng Hills
Snake Islands
TREASURE MAP
-Keywords-
1. Mindfullness 2. Resilience 3. Compassion
4. Gratitude 5. Optimism 6. Self Efficacy
7. Meaning
CORAL SEA
Blak Gulf
Optimism Lake
Crocodile Creeek
Maya Ruines
Castleton
Hills
Resilience Mountain
Lost Cape
N
Parrot's Bay
MIND FULLNESS PORT
SOUTHERN SEA
S

CONTENTS

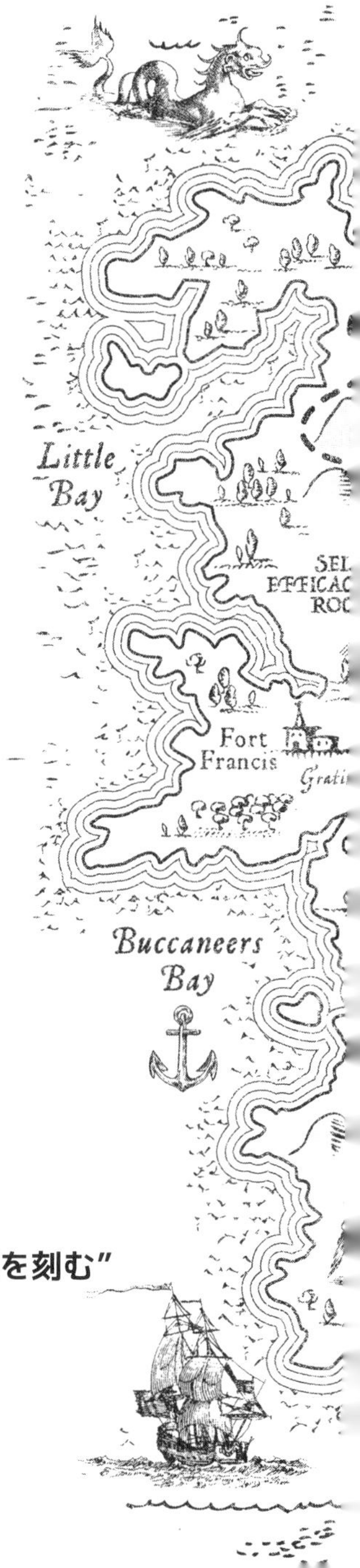

100% HAPPY

HAPPY QUEST

MINDFULLNESS

清水ハン栄治 著
Google社発・Search Inside Yourself講師
ダライ・ラマ公認・Cultivating Emotional Balance講師
ドキュメンタリー映画「happy」プロデューサー

第0ステージ

"Prologue"

プロローグ

「冒険の心得」

ボクはみんなの道先案内人。経験豊富なエベレスト登山のシェルパでも、年老いたカンフーの師匠みたいな姿を想像してもらっても良い。

数多くの失敗を繰り返し、傷だらけになりながら、道中の落とし穴とか、武器が隠されている場所、ラスボスとの戦い方なんかを学んできた。

どんな冒険したかって？　旅のキッカケは、もしかしたらみんなと同じじゃないかな。

幸福は人生の意味および目標、人間存在の究極の目的であり狙いである。

アリストテレス　（古代ギリシャの哲学者）――――

より幸せな人生を送るという大命題のために、ボクは小さいときから、両親や学校、社会からいろいろなことを教わってきた。より早く掛け算九九を覚える方法、徒競走で勝つ方法、人気者になる会話の仕方、女の子にモテる着こなし、より効果的な就活法、転職で良い条件を引き出す方法、財テクなど、膨大な量のノウハウをしっかり吸収して育ってきた。それらのテクニックをマスターすることで、結果的に幸せが訪れる、こういう段取りだ。

でも、今、人生の折り返し地点を過ぎて思うのは、そんな間接的な手段より、**ずばり直球で「幸せ」を学べばいいじゃないか**、ということ。

だって、こんなに大事なこと、ボクの場合、誰も教えてくれなかったんだから。

ここでボクの指している幸せとは、良い学校を出て、金持ちになって、かっこいい車に乗って、きれいなお姉さんにチヤホヤされる快楽的な幸せだけじゃない。

さしたる理由もないのに、なんだか心が朗らかで、思わずフンフン鼻歌が出ちゃって、感謝の気持ちがいっぱいで、誰でも愛おしく思ってしまう、そんな状態のことだ。英語で言うところのPleasure（快楽）に対し、Contentment（安らぎ）という単語がピッタリくる。

と、なんか世捨て人のように達観したようなことをほざきながら、ボクこそが30代半ばまでは快楽的な幸せのみをまっしぐらに猛追していた。

高学歴が成功に繋がっていると信じ、アメリカでＭＢＡまで取得し、享楽的な都市マイアミの一番の繁華街サウスビーチの高層マンションに居を構え、ネットビジネスを立ち上げ、ラテン美女たちをオフィスに招いてパーティー三昧。

ネットバブルが弾けて会社を整理し帰国した後でも、そつなくサン・マイクロシステムズという大手の外資系ＩＴ企業の日本支社に居場所を確保し、エリートサラリーマンを装いとんとん昇進。

ヘッドハントされたリクルートではＭＶＰなどを受賞したりして、手前味噌ながら世間的には勝ち組そのものだった。

高額な給料をもらい、おしゃれな自由が丘のマンションの最上階に住み、合コンではモテモテの、いわばリア充街道をひた走っていたのだ。

その頃、ボクは真っ黄色のド派手なサーブのオープンカーに乗っていた。

週末、少し肌寒いのに幌を全開にして、隣にセクシーな美女を座らせてドライブ。

表参道の交差点で人が集まっているのを見ると、信号が黄色になったばかりで余裕で通過できるのにもかかわらず、わざわざスローダウンして停車する。もちろんギャラリーの注目を狙ってね。

頭によぎるのは「この高級オープンカーと、きれいな彼女を見て！」ではなく「それらを所有しているイケてる俺を見て、見て！」。選民的でこれが気持ち良いのだ。

ボジョレヌーボー解禁の季節ともなると、夜な夜なパーティーに繰り出し、ネットで調べたばかりのうんちくで周りを感心させた。

イケてる俺。あいつにも、こいつにも勝っている。両親にとっても絵に描いたような自慢の息子だ。

そんな勝ち組時代には、幸せに「見えている」自分は幸せな人生をたどっているはずだと信じて疑わなかった。

そんなボクの人生を一変する出来事が、ある日、自由が丘の自宅から渋谷へ向かう東横線内で発生した。

その朝の通勤電車はダイヤが乱れ、いつにも増して混みあっていた。つり革を掴みながらイライラしているボクの隣で、真面目そうなサラリーマン風のおじさんが体調悪そうに額と脇の下に脂汗をかきながら立っていた。

「なんか、うぜぇな、このオヤジ」

しばらくして電車が大きく揺れると、おじさんはバランスを崩し、ボクに肩をぶつけた。イカしたブランド物のシャツを、おじさんの汗でほんの少しだけ汚されたボクは瞬時にキレた。口にこそ出さなかったけど、「このくそオヤジ、殺すぞ!」と心の中で悪態をつき、すごい形相で彼を睨みつけたのだ。

気の弱そうなおじさんは怯え、すいませんを繰り返した。そしてボクは最大限の威嚇をしようと更に眉間のシワを深め、睨みの眼光を強めたのだ。

車窓に反射した自分の顔が目に映った。

その瞬間、体全体に一気に寒気が突き抜けた。あたかもバケツに入った氷水をぶっかけられたような強烈な感覚。

俺、こいつ嫌いだわ。

嫌いなのは、可哀想なおじさんではなく、この俺だ。

通勤電車で疲れた人がちょっと肩に触れたぐらいで劇ギレするなんて、こいつはこれまで何を学んできたのだろう。逆に、おじさん、体調悪くて可哀想、って思わないとダメでしょ。

果たしてボクは、子供の頃、こんな大人になりたかったのか。

主観的な幸せ VS 客観的な幸せ

小さい頃からこの山の頂上に幸せが待っていると確信し、しっかりとルートマップを片手に一生懸命汗をかきながら自分なりに奮闘してきた。

そして、いざ山頂に達し麓を見渡してみて気づいた。

やべぇ、違った山に登ってしまったかもしれない。

人生における地位に、どんな意味があるというのだ？
結局、自分自身を好きになれないのなら。

セネカ（ローマ帝国の政治家、哲学者、詩人）――

この東横線事件がキッカケとなり、自己嫌悪に苦しむ日々が始まる。

ほぼ毎日、些細なことに苛立ち、おぼろげに不安で、常に誰かに嫉妬し、後で振り返れば笑い話になることにもしっかりと落胆している自分がいる。生活の中に心の安らぎを得られないことを、快楽で誤魔化している。

そのことを明確に認識してしまったインパクトはかなり大きかった。

ボクの下の名前「栄治」の漢字を説明する際、それまではいつも「栄光の栄」と答えていたが、それ以降「虚栄心の栄だよ、こいつ」と自分を皮肉るようになった。

Subjective Wellbeing（主観的な幸福）、別名ポジティブ心理学とも呼ばれる幸福に関する学問を後ほど紹介する。

今となってはそのネーミングの巧みさに感心する。それは対義語であるObjective Wellbeing（客観的な幸福）と照らし合わせることで、大事なことに気づく。つまり、幸福を探求するその学問で重要視しているのは、客観的に他人の目にどう映ろうと、社会の価値観でどう評価されようと、自分自身が主体的に幸せを感じることが何よりも大事である、ということだ。

主観的な幸福……、実はそれこそ全てなのかもしれない、いや、それ以外、一体、何があるのだろう。

幸せを探求する映画

テレビのグルメ番組で、往年のアイドルが人気レストランを訪れるという企画があった。そこで霜降りのしゃぶしゃぶを口に入れた瞬間、彼女がびっくり笑顔で発する。

「うーん、幸せ〜」

真の幸せとは。

新橋でサラリーマンをしながら答えを模索しているボクのもとに、カリフォルニアから国際電話がかかってきた。留学時代からの親友でドキュメンタリー映画作家のロコ・ベリッチからだ。

開口一番、受話器の向こうで彼はこう切り出した。

エイジ、一緒に映画をつくろう。

聞くと、トム・シャドヤックという、ハリウッドのコメディ映画界で大成功した監督からの依頼で、「幸せ」についてのドキュメンタリー映画を制作するというのだ。

というのも、ある日、自宅のあるビバリーヒルズの喫茶店でニューヨーク・タイムズを読んでいたトムは、世界の国々を幸福度順にランキングしている記事を見つけた。類似の国別幸福度調査は多々あり、順位もそれぞれなのだが、たまたまその記事に出ていたデータでは「主観的な幸福度」の第1位が、なんとバングラデシュだったという。なんで世界最貧国に数えられるバングラデシュが1位で、世界で最も富めるアメリカが23位なんだと、トムは大きな矛盾に衝撃を受けた。

そして、これでもかという程の地位や富、権力、そして美貌を手にしている知り合いの超セレブや銀幕のスターたちを思い浮かべたが、皮肉なもので本当に心から幸せを感じていそうな人はほとんど見当たらない。

一方で、お金や名誉などないのに、彼の豪邸で働く調理人、庭師、ガードマンたちは、いつも朗らかで本当に幸せそうに見える。

富、権力、美貌だけでは人は幸せになれない。

トム・シャドヤック（映画監督「ブルース・オールマイティ」「パッチ・アダムス」他）――

そう確信したトムは、ならば一体何が我々を幸せにするのかを探るドキュメンタリーをつくろうと思い立ち、本人は製作総指揮として資金を提供し、ロコ・ベリッチに映画製作を依頼し、そこからボクにおハチが回ってきたのだった。

ハリウッドのレッドカーペットと新橋SL広場という地理的にもステータス的にも大きな隔たりがありながらも、偶然にも時を同じくして幸福に関して同じ疑問を感じていた男がふたりいたわけだ。

ボクは映画の趣旨を聞いてふたつ返事でオッケーし、まもなく退職。すぐにアメリカに移り住み、プロデューサーとして親友ロコとの映画づくりをスタートさせた。

同時にそれは、ボク自身の幸せ探しのリベンジを兼ねた、またとないチャンスとなった。

そこから実に6年の歳月をかけ、世界を2周半して撮影し編集したドキュメンタリー映画『happy～しあわせを探すあなたへ（邦題）』が完成した。

このインディー映画は大規模な配給がないにも関わらず、一部のファンに熱狂的に支持され、カルト的なヒット作となった。62カ国で上映され、世界中の映画祭で作品賞などを含む12の賞に輝き、AppleのiTunesでは全米、カナダ、オーストラリアで5週連続のナンバーワンドキュメンタリーにもなった。

更に嬉しかったのは、幸福について研究している科学者たちからも高い評価を得て、世界最大の心理学者たちのカンファレンス、全米心理学会（APA）の年次総会の特別招待作品や国際ポジティブ心理学連盟（IPPA）の特別招待作品として優遇されたり、ポジティブ心理学の最高峰、ペンシルバニア大学心理学部の修士課程で教材とされるなど、学術的にもお墨付きをもらったことだ。

新しい幸せルートマップの作成

旅や冒険が大好きなボクらが理想とした作風は、観客と一緒に世界各地へ幸せ探しの旅をするロードムービー。

サンフランシスコ近郊のロコの自宅兼スタジオのソファで寝起きしながら、まずは半年近く、哲学、文化人類学、脳医学、心理学、宗教学などの観点で研究された文献を読みあさった。

そして作品として外せない要素をちゃんと同定し、その取材にうってつけな場所を世界地図上であたりをつけた。

DNAが人類の祖先に最も近い人々が住んでいると聞けば、幸福の起源を探ろうと即座にカラハリ砂漠へ飛んでいき、映画「ブッシュマン」でも登場したコイサンマンと呼ばれる人々に、喉を鳴らす声門音で彼らの幸福感を語ってもらった。

多くの調査で世界一幸福度が高いと言われているデンマークに、こんな共生コミュニティーがあると聞けば、しばらく居候させてもらって住民たちに取材させてもらった。

ＧＮＰ（Gross National Product：国民総生産）ならぬＧＮＨ（Gross National Happiness：国民総幸福量）で話題のブータンの政治家にも、そしてチベット仏教の最高指導者ダライ・ラマ法王にも取材した。

豊かであるはずの日本社会で起こっている過労死という大きな矛盾についても言及した。

そして脳科学や心理学の世界的権威の研究室にも足とカメラを運び、脳の構造や心理学に関する最新情報や研究データ、科学的検証についても議論した。

尺が76分の映画happyの中には収めきれなかった興味深い取材も多い。

ポルノ俳優やドラッグ中毒者にも彼らの幸福感について語ってもらった。

あと数日で亡くなるという老人や病人たちにも取材協力いただき、幸せとは何かを、人生の最期、ホスピスのベッド上で語ってもらった。

ブラジルのカーニバルの最中ってみんな笑って踊って幸せそうじゃないか、とリオデジャネイロに飛ぶと、これは観光客向けで、本当の謝肉祭は北部のサルバドールで見られるよ、と聞き北上。到着してみると、大声を出し、汗をかき、抱き合い、踊り狂う大衆の熱狂の中では、実は我々がカメラに収めたかったほっこり感が希薄ということがわかり、取材がボツになるなどいろいろな失敗も経験した。

そして誰よりも幸せを切望しているボク自身がモルモットとなって、世界中の様々な伝統や精神文化の中で長い時間を掛け育まれた瞑想法、内観法、ダンス、儀式、しきたりを体験して、実際に幸福度に影響があるのか吟味してきた。

ペルーのアマゾンで、アヤワスカという強烈な幻覚剤を体験してまでも知りたかった幸せの秘密。

効果のほどに首を傾げてしまうものもあれば、実験台として体験してきたボクが太鼓判を押せるものもあった。

これからその体験談と実践法を赤裸々に紹介していくので、道先案内人を信じてついてきて欲しい。

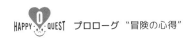

お金と幸せの関係

自分がこれまで妄信していた幸せのルートマップが完全ではないことがわかった。

まずはお金と幸せの関係、経済偏重の政治やメディアの在り方に警告を鳴らす心理学者、「The High Price of Materialism」の著者ティム・キャサー博士からは、貧困の代名詞インド・コルカタのスラム街の住民たちと、ＮＹのウォール街で働くビジネスパーソンたちの主観的幸福度がほとんど変わらないということを聞いた。

そんな訳ないでしょ、と疑問を持ったボクらは実際にコルカタを訪れ、人力車引きとして働く、カースト最下層のおじさんたちに密着取材した。

彼らはスラム街にあるビニール袋で取り繕ったボロボロの家を「我が家は風通しがよくて快適です」と無邪気に笑い、炎天下の中、乗車してくれるお客さんとの会話を楽しんでいる。

一方、リーマンショック前のお金がじゃぶじゃぶしているウォール街で、短いインタビューのほぼ数分ごとにメールと株価をチェックしなければならない、高級スーツに身を包むかなり不機嫌なエリートたちにも遭遇した。

ベストセラー「Happy Money」の著者エリザベス・ダン博士には、ボクがナビゲーターを務めたＮＨＫの白熱教室「幸福学」の取材の際に、経済の発展と国民の幸福度は決して比例しているわけではなく、ある程度の生活水準に達すると、そこからの幸福度の伸び率は頭打ちになることを教えてもらった。

一旦、年収が7・5万米ドルに達するとそれ以上の収入は幸福には大きく寄与しないという。（詳しくは監修させていただいたＮＨＫ出版の『「幸せ」について知っておきたい5つのこと』を参考のこと）

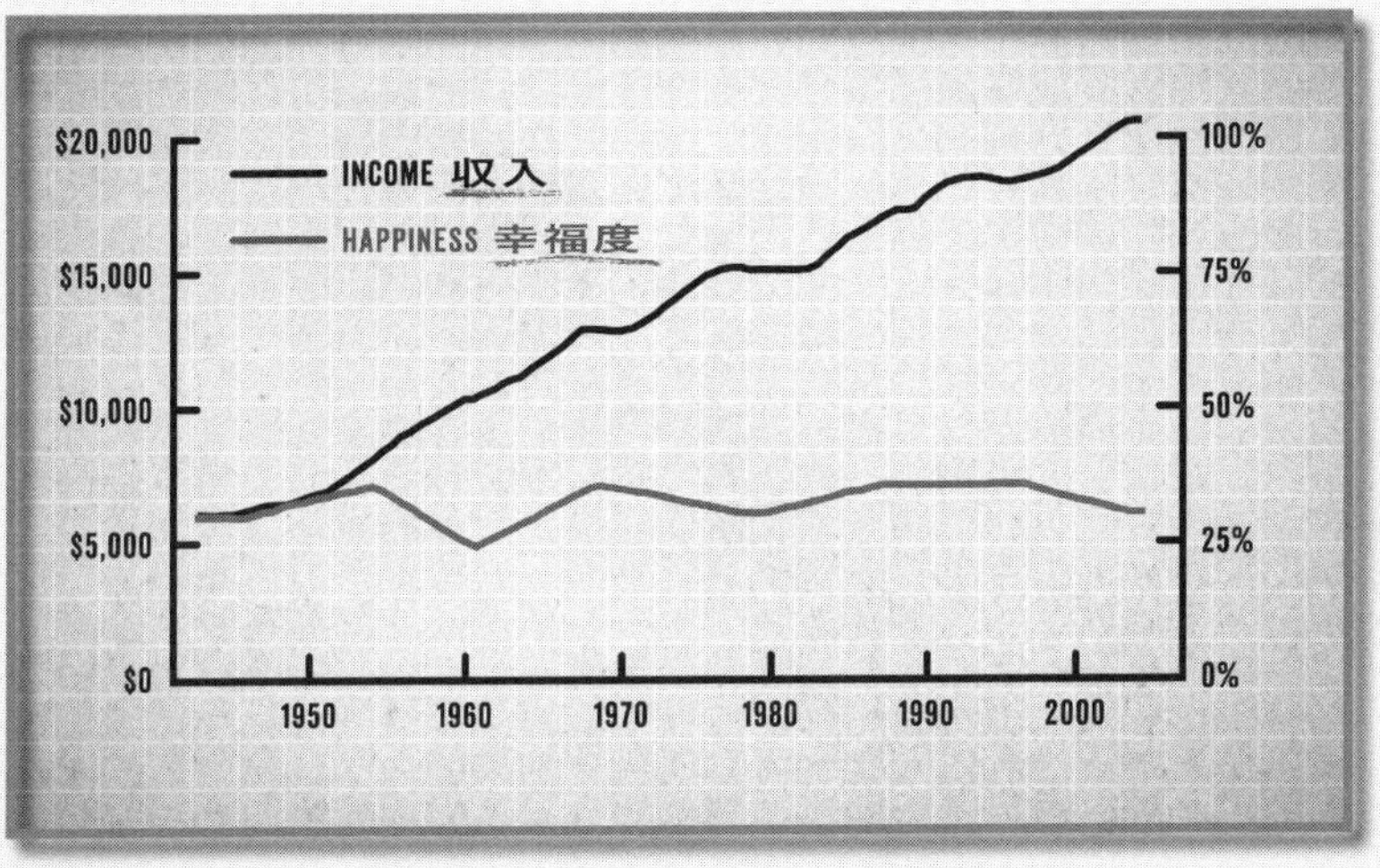

※「映画happy－しあわせを探すあなたへ」より

事実、過去60年、アメリカでは、未曾有の経済的、物質的発展に関わらず、幸福度は向上していない。日本も同じではないだろうか？

それでは、ある程度の生活水準を確保できたとする、そこで今度は時間と意識の余剰分をどこに向ければ良いのか？　この本を読み終えた頃には具体的にわかってもらえていると思う。

社会的ステータスと幸せの関係

社会的地位と結びつくカッコイイ仕事が幸せを運んでくる、なんてことも幻想だとわかった。

アメリカ南部ルイジアナ州での取材の際、町外れにあるダイナーの厨房で出会ったアフリカ系アメリカ人の青年は、14年間、来る日も来る日も同じメニューをつくり続けている。

ラードと汗にまみれながら鉄板の上で単調な作業を黙々とこなす彼にねぎらいの声をかけると、「毎日新しい発見があるから楽しくてしょうがない」と屈託なく微笑む。

彼は単調な作業の中で、このお客さんにはこのベーコンの焼き具合で喜んでもらおう、目玉焼きをより半熟で提供するテクニックを極めよう、少し元気そうでないお得意さんにはとっておきのジョークで笑顔になってもらおうと、常に改善や工夫を重ねながら職人としての誇りを持っているのである。

そして彼はそこに自分自身の能力と成長を見出しているのである。


聞いた話だと、病院で清掃員として働くあるおばさんは、患者の部屋を掃除している際、壁にかけてあったふたつの絵を左右逆にかけ変えた、という。

寝返りをうてず毎日同じ方向しか見れない患者さんに、少しでも新鮮味を提供しようという思いからだった。

そんなことの積み重ねで少しでも気持ちが晴れれば回復も早かろう、と工夫を凝らす。もちろん、誰かに指示されたわけでも、昇給するわけでもない。おばさんにとっては「私はヘルスケア産業の一員」という崇高なプロ意識なのだ。担当の清掃だけが仕事なのではなく、ヘルスケア全体の中でミッションを捉え直し、患者さんを幸せにし、ひいてはそれが自分の幸せを向上させる働き方にこだわっていたのだ。

仕事や業務自体を変えることなく、その意義や適用範囲、関連する人たちとの関わり方を主体的に再定義し、具体的な行動に移す。

それにより仕事に新たなやりがいを見出す、ポジティブ心理学で提唱されているジョブクラフティングという働き方の手法を実践していたのだ。

幸福を増幅させる40%の白地

お金にもステータス的にも恵まれていた〝勝ち組〟のボクが、なぜ幸せを実感できなかったか、ちゃんと科学的な根拠がある。力の入れ所を間違えていたのだ。

カリフォルニア大学リバーサイド校のソニア・リュボミアスキー博士らがまとめた円グラフを見て欲しい。人間の幸福を決定づける要素をグループ分けしたものである。

これはメタ分析という手法で、ひとつの実験結果だけでなく、複数の研究の成果を総合的にまとめ弾き出した検証で、極めて信ぴょう性が高い。ふたつの驚きがある。

※「映画happy-しあわせを探すあなたへ」より

ひとつは２００８年エジンバラ大学とQueensland Institute of Medical Researchが行った双子９００人に対する調査で、ほぼ同じ遺伝子を持つ彼らから面白い事実が判明した。

人間の幸福度のほぼ半分、なんと50%は「遺伝」で決まってしまうということだ。

生まれて離れ離れになり、まったく違った環境で育った双子たちの幸福度には、大きな開きは見られなかったことが判明したのだ。つまり、背の高い両親から生まれた子供は背が高くなりやすいように、楽天的な脳を持つ親からは楽天的な子供が生まれて来やすい。

ちなみにすぐにキレる父親と過度の心配性である母親の間から生まれたボクは、ＤＮＡ的には非常に残念な存在である。

もうひとつの分析も驚きだ。

収入や社会的地位、名声、容姿、どんな車に乗っているか、独身か既婚か、など自分の置かれている環境や状況が幸福度を大きく左右すると信じる人が、世の中の大多数かもしれない。

事実、30代半ばまでボクもそのうちのひとりだったし、世界のいろいろな都市で「何があなたを幸せにしますか?」という看板を掲げて街頭インタビューした際に、「お金持ちになること」「出世すること」などと答える人が予想通り多かった。

しかしながら、科学的に立証されているのは、**収入や地位などを向上させても幸せには最大でも10%しか寄与しないということ。**

更なる皮肉は、お金や名誉、物質に固執する人は、いつも心が不安定で幸せを感じられない生活を送ることが多いというのだ。にもかかわらず多くの人が幸せになるためにその10%をやみくもに追い求めてしまう。

注目すべきは残りの40%、「日々の習慣・考え方」である。

日々、いかに振る舞い、何に関心を向け、どのように周りの人と接し、何を考え、どんな行動をしていくか、これが断然重要なのである。

高級マンションの最上階に移り住むことなく、もっと箔のつく会社に転職することなく、白馬に乗った王子様と結婚することなく、**今、持っているものや置かれている環境そのままで、しっかりと幸せになれる可能性があるのだ。**

乾いた雑巾を絞るように10％の増幅に尽力していた過去の自分に、憐れみをもって振り返りながら、それでは残りの白地40％を極めて具体的に、そして効果的に増幅するメソッドを世界中を回って学ぶことになったボクは、映画作家として、そして間違った山に登ってしまったひとりの人間として、興奮を隠せなかった。

幸せの秘宝が眠る魔境ハピネス山脈は他にある。

幸せの妖精、双子のヘドニアとユーダイモニア

誤解なきよう補足するが、富、名声、カッコイイ容姿を薄っぺらいと否定しているのではない。

哲学の世界では、これらが可能にする快楽的な幸福感をヘドニアと呼び、我々に昂揚と活力を与え、人として生まれてきた以上、追求すべきゴールであるとしっかりと認識している。

ただ哲学でもこの冒険ゲームでも、ヘドニアという幸せの妖精的な存在には、双子の妹がいる。彼女の名前はユーダイモニア。自己実現や人生の意義を追求する中で感じる充足した幸福感をつかさどる妖精だ。

この姉妹ふたりともボクら人間を幸せへといざなうのが役目だ。

姉のヘドニアは派手好きでアピールがうまい。だから彼女からのお告げは放っておいてもスルッとボクらの耳に入りやすい。

道先案内人であるボクのここでのアドバイスは、少しシャイでおとなし目の妹ユーダイモニアのお告げを、かなりひいき目に聞いてあげるのがいいよ、ということ。彼女は、快楽だけでは説明のつかない、地味だがじっくりと心を朗らかにする幸福感へと導いてくれるはずだから。

ポジティブ心理学という道しるべ

ユーダイモニアのお告げを具体化するよう、現代心理学が新たな挑戦をしている。

非常に乱雑な説明になるが、それまでの心理学が、心の状態に支障のある人をいかに健常者にするか、という大命題にフォーカスしていたのに対し、ポジティブ心理学、あるいはSubjective Wellbeingという比較的新しい学問は、人間の可能性にフォーカスしている。

健常者、あるいは既に幸福度が高い人をもっともっとハッピーにするには何が鍵となるか、を研究しているのだ。

仮に心の状態に数値を付けたとすると、健常者Aさんが0、心の疾病に苦しむBさんの値をマイナス15とすると、従来の心理学はマイナス数値を0にするための治癒に専念する一方、この新しい学問はAさんをプラス10に押し上げても良いし、あるいは既にプラス15のCさんをプラス30に、と幸せ界のスーパースターをつくりだしちゃおうと熱心に研究を進めているのだ。

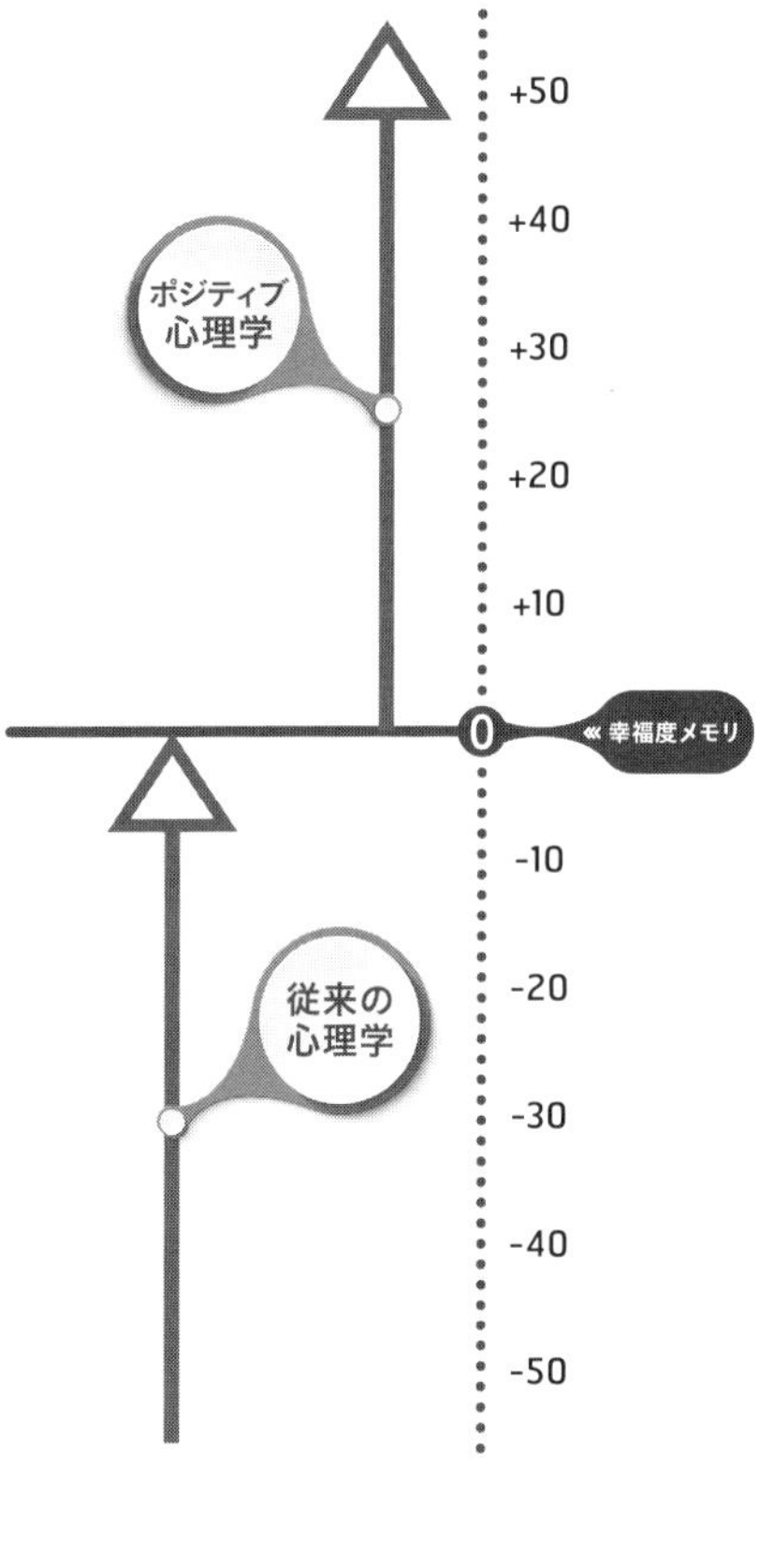

この潮流はとても大きな反響を呼び、近年、幸福に関する論文の数は劇的に増加し、世界のエリートたちが集うハーバード大学ではPSY1504というポジティブ心理学入門が人気ナンバーワンの講座となった程だ。

また、子供たちの幸せスキルを高めようと、アメリカ、イギリス、オーストラリアでは小中学校のカリキュラムのひとつともなっているし、米軍ではＰＴＳＤなどの精神的疾病の治療、そして予防として、１１０万人の兵士とその家族に、毎週90分のポジティブ心理学の講義が実施されている。

科学とスピリチュアリティーのコラボレーション

他にも、幸せの研究でワクワクすることが起こっている。

ガリレオの時代から水と油の関係だった、科学とスピリチュアリティーが、昨今、幸福を解明するという命題のもと歩み寄り、共同研究が進んでいる。

心理学、脳医学、量子物理学の科学者と、宗教の中でも特にチベット仏教の高僧たちが集い、喧々諤々研究結果や知恵を交換する機会が頻繁にもうけられている。オーストラリアのHappiness & Its Causesや、サンフランシスコのWisdom 2.0などはその最先端だろう。

古来、人々の苦しみを和らげたり、人と人の繋がりを強化したり、人生の充実感を認識させてくれるような古来からの儀式や習慣（ここではWisdom Tradition－智慧の文化と呼ぼう）が、最新科学のデータをもって、その有効性を実証されるようになってきたのだ。

炙り出された幸せのスキル

ボクは博士号も持っていないし、僧侶の資格もない。でも一般人と同じ視点を持ち、彼らエキスパートの話を伺ってきた。

そこでメディアを生業とする人間として、この歴史的なコラボレーションの貴重な成果物を、一般人に楽しく、やさしく、そして怪しくなく教えることができないかと考えた。

結果として映画happyは「幸せはトレーニングできる」ことを一般の人に広く紹介する役割を担った。

そして映画に続く形で、ボク自身が実験台として効果を体感した「幸せになれる」スキルをみんなと共有したいと思う。

第1ステージ：「マインドフルネス」心の軸を育てる
第2ステージ：「レジリエンス」精神的回復力を鍛える
第3ステージ：「コンパッション」愛情・人間関係力を高める
第4ステージ：「グラティテュード」感謝の力を再構築する
第5ステージ：「オプティミズム」悲観しがちな心の癖を見破る
第6ステージ：「セルフ・エフィカシー」人生の主権を取り戻す

第7ステージ：「ミーニング」人生の意義を見出し、自分の伝説を刻む

幸せはスキルと同じで鍛えられる。テニスやピアノの練習と一切変わらない。

リチャード・デビッドソン博士（Times誌に「世界で最も影響力のある100人」に選ばれた脳科学者）――

ボクが国内外の大学や企業の人材研修などに提供しているワークショップ「HAPPINESSトレーニング」は、映画happyをつくっていく過程で心理学や脳医学の先生たちと仲よくなりアドバイスをいただきながら、一般人の肌感覚を大事にして体験型プログラムとして開発した。

今では日本の仏教界の皆様にもご賛同いただき、宗派をまたぐ若い優秀なお坊さんたちと共にプログラムの普及を進めている。

人類は悠久の智慧の文化の中で、時間をかけて、幸せになる方法を醸成してきた。科学的にもその多くの根拠が解明されている。それをより楽しくよりわかりやすく、

家庭に、社会に、そして職場に広めるタイミングが来たのだ。

さぁ、冒険の心得、オリエンテーションはこれでおしまい。

これからハピネスという魔境を攻略していこう。

第1ステージ

“Mindfulness”

マインドフルネス

「心の軸を育てる」

週末のＪＲ原宿駅で下車してみる。

人ごみを漕ぎ分け改札を抜け、竹下通りに到着、カラフルな最新ファッションと看板の洪水、売り子さんの必死な街頭マーケティングの中を歩いて、ごったがえす明治通りで大型路面店から奏で出される大音量を聞きながら、表参道で折り返し、行列のできているスウィーツ店から漂うしつこく甘い香りをくぐり抜け、仮装した若いゴスロリの少女たち、それを撮影する外国人観光客に代々木公園前で遭遇する。

カオス的な強すぎる刺激のオンパレードでなんか心がしっちゃかめっちゃかになった直後に、明治神宮に足を入れる。

すると急に心がシュッと整うあの感覚。表現しにくいけど、存在を否定できないあの特別な空間。


霊感とか怪奇現象についてはボクはよくわからない。でも、明治神宮を始め、世界中のいわゆるパワースポットと呼ばれる場所を訪れるにつけ、あの「心のシュッと整う感覚」が発生していることを体感してきた。

その中に身を置くと、心が落ち着き、朗らかになり、人にやさしくなれ、好奇心が高まる。ユーダイモニア的な幸せ追求をしている人間としては、なんとも居心地が良い。

ということで、ボクは世界有数のパワースポットとして知られるバリ島を拠点に生活している。

古民家を立て直した茅葺屋根の我が家には壁も窓もなく、家具は廃材を使って手作り。屋根さえないお風呂では温かいお湯も出ない。もちろんテレビもWiFiも設置していないし、持っている服はユニクロのTシャツと短パン、あとはゴムサンダルが何足かあるだけ。

極めてロビンソン・クルーソー的で少し野蛮に聞こえるかもしれないが、マインドフルに生きたいボクにとってはとてもリッチでお気に入りのライフスタイルなのだ。

朝、ニワトリの鳴き声で起き、お世辞にも毛並みが良いとは言えない愛犬にごはんをあげ、朝の瞑想をする。そして敷地の前の田園や川の流れを眺めながら、質素な朝食とコーヒーをちびちび、極めてゆっくりと飲む。

ここでは外部からの刺激が少ない代わりに、とても意識が内側に向きやすい。
心になにかしらの葛藤があれば、シューシューとグラスに注いだスプライトの炭酸が時間とともにおさまるのを見守るように、心が落ち着くまでゆっくりと自分の内側を観察。穏やかで朗らかな気持ちを確保してから、田舎道をスクーターで仕事場へと向かう。

外は広い、内は深い。

鈴木大拙（禅を海外に広めた仏教哲学者）――

マインドフルネスを鍛える

40代のボクとは世代間ギャップがあるかもしれないけど、みんなはジャッキー・チェンのカンフー映画「酔拳」や「笑拳」って観たことあるかな？　もう少し新しい映画となると、ハリウッドのカラテ映画「ベスト・キッド」を想像してもらっても良い。

いずれも弱虫の主人公の青年がいじめられたり、逆境に陥ったりした末に、年老いた武術の師匠と出会い秘伝を学んで、強い格闘家に成長していくという痛快なドラマだ。

主人公が、やっとのことで弟子入りし秘伝を教えてもらうまで漕ぎ着け、いざ特訓を始めるという段になるが、やらされるのは単調な雑用。日が暮れるまで掃除だったり、ペンキ塗りだったり、水汲みばかりで、一向に武術らしいアクロバティックな特訓が始まらない。

徐々にしびれを切らしていく主人公だが、ある日、実はその雑用の繰り返しこそが武術の重要な基礎になっていて、それがあって初めて華麗な技が自然と飛び出すことに気づく、というお決まりのパターンだ。

同様に幸福度向上にも基礎がある。

それがこの魔境ハピネス山頂にあるお宝を巡る探求の礎であり、第２ステージ以降の冒険をより円滑にする「**マインドフルネス**」というコンセプトになる。これを取得できるかできないかに、この冒険の成否がかかっていると言っても過言ではない。

勇者よ、騙されたと思って我慢してマインドフルネスをコツコツ鍛えよ。疑うことなく愚直に積んでいくべし！

全ての基本：心の軸

昨今、日本でもマインドフルネス関連の記事や書籍が多く見受けられるようになってきた。見識のある学者さんたちによって書かれ、翻訳されたものだから、貴重な洞察を大いに参考にして欲しい。

でも一般人のボクにとっては、その多くが専門用語ばかりで敷居が高く感じられる。

Wikipediaによるとマインドフルネスの定義は、

「いま」に対して意識的に注意を払い、感情や思考を挟むことなく、あるがままを捉える状態、心のあり方のことをいう。

今はピンとこなくても大丈夫。このステージをクリアしている頃には腹落ちしていると思う。

入口としてわかりやすい例を出そう。

みんなは雨がポツポツと降り始めたときに何を感じる？

「あー、洗濯物出しっぱなしだ。母さんに取り込んでもらわないと」という考えや「嫌だなぁ、帰り道おっくうだなぁ」という感情が心に湧き出てくるかも知れない。あるいは、前にずぶ濡れになった嫌な記憶が頭によぎるかも知れない。

一方、ただ雨が降っているという現実だけに注意を向けられる自分も存在するはず。雨音のリズムや、空気が少しひんやりした感覚、微かだが雨には匂いがあるということとなど、見過ごしがちな「いま、ここにある現実」に気づくことができる。

そしてしばらくその状態に身を置いていると、台風一過のごとく、心地良い静けさが心に訪れる。心が本来あるべき定位置に戻るかのような、その感覚がマインドフルネスなのだ。

雨を感じる奴もいれば、ただ濡れちゃう奴もいる。
ボブ・マーレー（レゲエミュージシャン、ラスタファリの宗教的社会運動家）――


想像してみて欲しい。

あなたは大のワイン好きとする。有給休暇の度に趣味でいろいろなワイナリーを訪れ、ブログまで書いているとする。ある日、フランスのブルゴーニュ地方を旅した友人が、ビンテージの赤ワインをお土産で持ってきてくれた。憧れのワインなので幸せの極致のはずだ。

でも、よりによってそんな状態のときに尿意を催していたらどうだろう。下腹部を圧迫するあのソワソワ感。その状況でグラスに注がれた夢のワインの深い味わいと芳しいアロマを楽しめるかい？　おしっこが気になって気になって落ち着かず、繊細な味や香りに集中する心の余裕がないはずだ。

何かが心を占拠して「いま」目の前にある対象物としっかりと向き合えない状態、これはマインドフルネスではない状態に例えられる。

こんなときのソリューションはいたって簡単、小学生でも知っている。さっさとトイレに駆け込んで用を足してくれば良い。あのスッキリ感と安堵感とともに、心が調う。そしてその安定した状態を確保してから、夢のワインを思いっきり堪能するのだ。夢心地だろう。

いいや、そんな心の状態さえつくれれば、たかが1本千円のコンビニのワインでもとても美味しくいただけると思う。にもかかわらず、心の安定のない人たちはみんなもがき苦しむ。もっともっと高級なワインを手に入れなければ私は幸せになれない、と。

これは大好きなアイスクリーム、憧れの彼女とのデート、公開を待ちに待った好きな監督の新作映画でも全く同じ。我々を幸せにしてくれるはずの良質のインプットを沢山獲得しても、心が安定せず、それを受け入れる感受性が鈍化していれば、どんなに質や量を高めても本末転倒なのである。

そんな心のワサワサ感とおしっこは、さっさとトイレに流してしまおう。

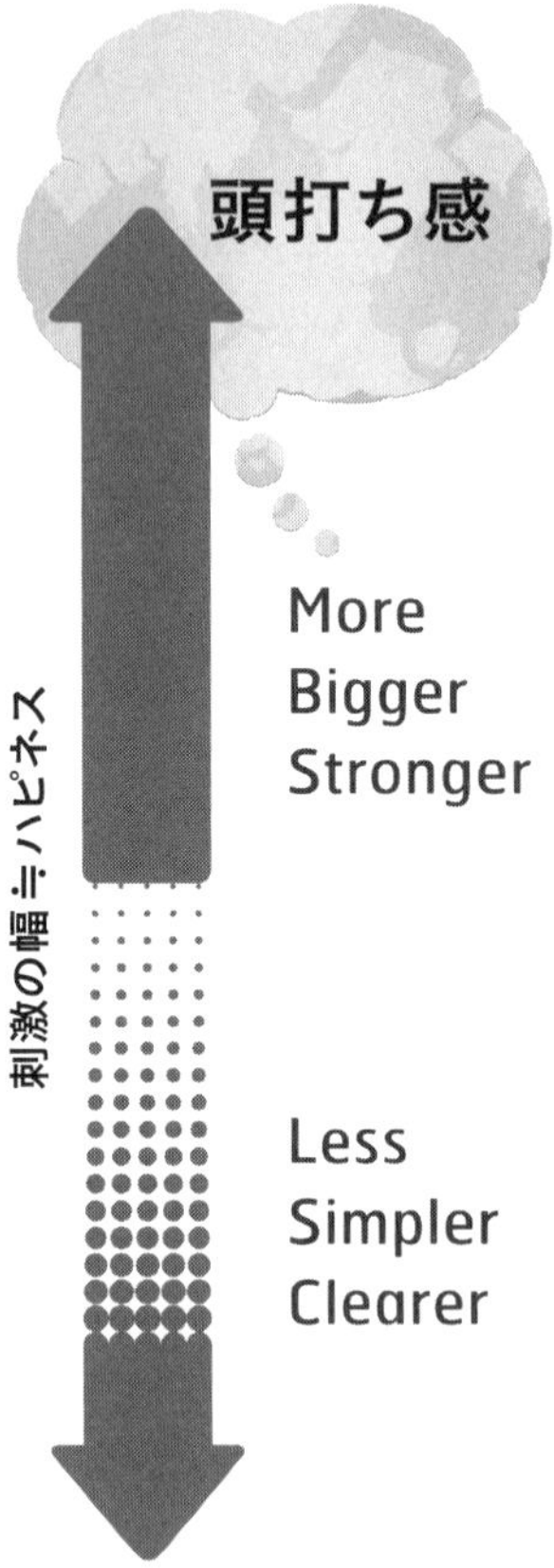

もちろんインプットの向上を求めていくのは大いに結構。だが、それを受容する器の度量も共に鍛えなければならない。

この考えは禅に通じる。

マインドフルネスという単語は禅の「正念」に由来があるとも言われている。この単語をふたつの漢字に分けて考えると、古人たちが伝えたかった本意を把握しやすい。正は、読んで字のごとく、何かを正しく行うこと。何を行うかというと念を正しく行う。

念という漢字を更にふたつのパーツに分解すると「心」を「今」に正しくくっつける、ということがわかってくる。

今という瞬間に心をしっかりと添える。

すると自ずと静けさと安定が訪れる。これを踏まえて前述のWikipediaの定義を読み直して欲しい、理解が深まるはずだ。

なんとなくマインドフルネスと幸せの関連性が見えてきたはず。

もうひとつ、ボクのワークショップでも活用している、ネットで見つけた「絶対に幸せになれない男」と題された風刺画を紹介したい。

その男は1コマ目でパソコンを前に一生懸命デスクで仕事をしている。しかし空想の吹き出しにあるのは週末のゴルフのこと。

次のコマで男は週末の晴れた気持ちの良い日にゴルフ場でパターを決めようとしている。しかしそのときの空想の吹き出しには、気になるあの娘と一夜を過ごしている場面だ。

最後のコマでは、男は望み通り、その美人の女性とベッドインしている。でも、その吹き出しに浮かぶのは明日の仕事のことだった、という悲しいオチである。

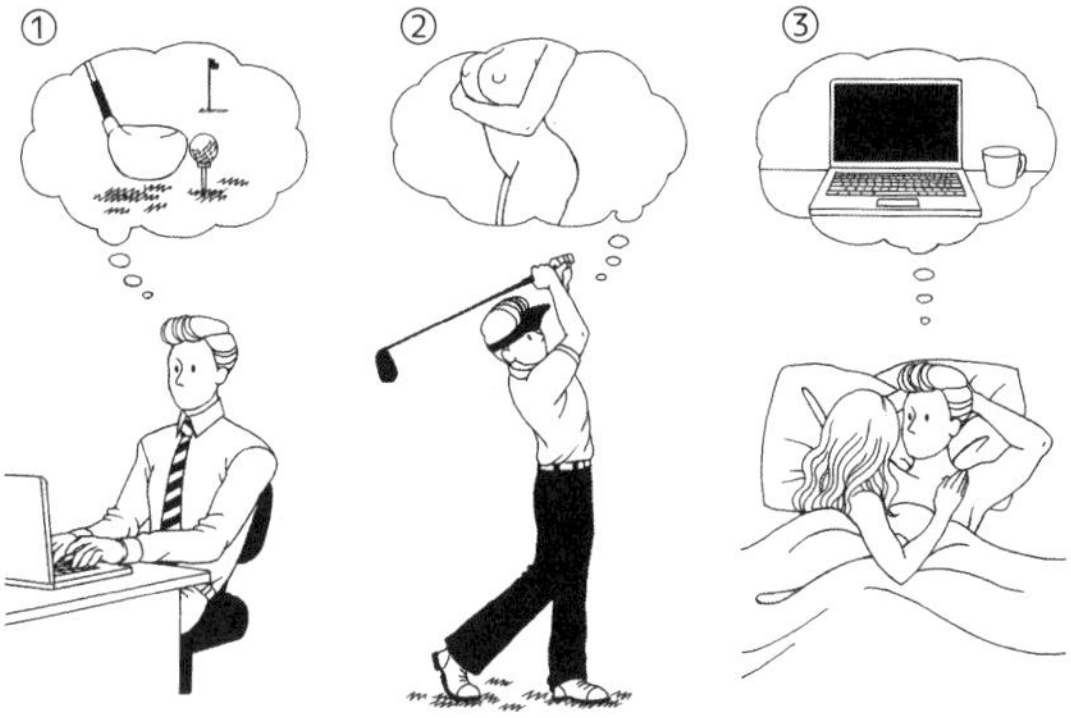

この男は確かに自分の望むもの全てを手に入れている。しかし、その瞬間瞬間にマインドフルに「**いま、ここにあるもの**」に集中できなければ、何も楽しむことはできないのだ。

マインドフルネスというビジネススキル

そんなマインドフルネス、昨今、ビジネスでの活用が話題になっている。

みんな、急いで焦っているときに、鍵を開けられた試しはあるかい？

室内で鳴っている大事なはずの電話の着信音を聞きながら、玄関先で焦りながら鍵束を弄び、何度トライしても間違った鍵を挿し込んじゃう。正しい鍵だったとしても上下を逆にいれちゃうし。そうこうしているうちに電話はもう切れている。

そんなときはどうすれば良いか。一呼吸置く、焦らずにゆっくりと正しい鍵をしっかり摘んで、気持ちを落ち着かせて正確に鍵穴に挿す。なんのことはない、とびらは一発で開く。

落ち着く、心を調える、平常心、シュッとする、襟を正す、冷静になる、凛とする、など人により表現は異なるにせよ、あぁ、あの感覚のことね、とこの例え話を聞けば、妙に納得してもらえる。

みんな、心がとっちらかっちゃって、ビジネスライクなとびらを開けられなかった経験があるのだろう。

事実、リクルートでもこんなことがあった。

流石は営業力で鳴らす会社、営業マンの粘りと馬力は目を見張る。期末前、とくに売り上げ目標に欠けているタイミングでの事業部は、ハリウッド映画で観るアメフトの試合前のロッカールームのごとく鬼気迫ったスゴイ状態になる。

複数いる営業リーダーのもと、多くの営業マンが目標数値の達成を目指して鼻息を荒くし、始業時は競馬のスタートのような様相を呈す。

クライアントに一斉に電話を掛けながら、発注書を記入し、別クライアントからのクレーム処理をしながら、パワポで提案書を作成している。

営業リーダーの中には「死んでも売ってこい」と急き立てるマネージメントスタイルもあれば、今で言う所のマインドフルな働き方を推奨する者もいた。

実際の営業目標達成度を観察しながら、営業マンたちのパフォーマンスを管理していたボクはそこで面白いことに気づいた。

猛烈度やマルチタスキングと仕事のパフォーマンスは比例しない。

むしろ、冷静に淡々とひとつひとつの業務をこなすこと、適度に心を調えることを推奨する営業リーダーの元で働くチームの方がミスも少なく、人の話もよく聞き、自分の意見も効率的に伝えることができていた。そして何より営業成績が抜群に高かったのだ。

もし8時間、木を切る時間を与えられたら、
そのうち6時間を、私は斧を研ぐのに使うだろう。

エイブラハム・リンカーン（アメリカ合衆国第16代大統領）――

グーグルで行列のできる人材プログラム

グーグル社で開発された革新的な人材能力開発プログラム「Search Inside Yourself（SIY）」が話題になっている。

ご存じのように超優良企業であるグーグル社にはハーバード大やMITをトップで出た卒業生、元NASAのエンジニア、マッキンゼーの元バリバリのコンサルなど、まさに頭脳明晰、抜群に頭の良い人材が揃っている。

当然のように彼らが高い業績を残す一方、グーグルの人事部が着目したのは、そういった優秀な人材も納期直前やトラブルに見舞われたりしたときや、家庭や部署内で不協和音が起こっているときなどには、精神的な疲弊やいらだちなどから、パフォーマンスをフルに発揮できないことが頻繁にある、ということだった。

そこから、知性だけでは不十分、心の能力も高める必要があると認識し、SIYプログラムの開発に着手したのだ。

このプログラムはグーグル社内で常に数百人の受講待ちがいるほど、一番人気の高い研修となった。

そしてこの目覚ましい効果は、グーグル社という枠を超えて評価され、アメリカの各有力紙がこぞって特集を組み、ビジネス界でもたちまち広まっていった。SIYは現在、SAPやインテル、P&Gなどの大手優良企業でも採用されている。

Search Inside Yourselfを始め、ビジネスでのマインドフルネス活用と事例については、別途、拙ホームページをご参照のこと。(www.happinesstraining.org)

リラックスした集中

なるほど、マインドフルネスが幸せにもビジネスにも有効ということはわかった。

それでは具体的にどのようにしたら鍛えられるのか。実践に入る前に、カジュアルに、マインドフルネスってこのことか、という体感をしてもらいたい。

そこで仏壇にある鐘やお鈴でも、似たような音色を奏でるスマホの着信音でも良いので、しばらく澄み渡るように響く音源を用意してみよう。

1 軽く目を閉じる。

2 鐘を鳴らす。

3 鐘の音がどのタイミングで完全に消えるかに集中する。

4 音がこれ以上聞こえなくなったら目を開ける。

鐘の音が消えて目を開けた後、どんな感覚だっただろう?

多くの人が「気持ち良かった」と答える。この何かに寄り添うような、やさしく包み込むような、そしてリラックスして心地の良い心の有様を是非とどめておいて欲しい。


肝は、そんな心の安定を、いつでも必要なときにオンデマンドでつくりだせるように精進していくこと。


上司に怒鳴られている最中、アポに遅れそうなとき、スーパーのレジの前で一向に進まない列に並んでいるとき、圧倒的な情動に自分がコントロールされてしまう、これらのタイミングで、心の安定に戻り、自分が情動をコントロールできるようにする。

理想は、周りで何が起こっていようとも心が調っている状態が、デフォルトで存在するように仕上げていく。

それでは、効率良くマインドフルネスを鍛えるための瞑想に挑戦してみよう。

調身、調息、調心

世界中には様々な瞑想や内観法が存在する。この第1ステージで紹介する瞑想法はマインドフルネスをつくりやすくする集中のエクササイズと考えても良い。

集中といっても、ピンセットで何かをつまんでいるような、膨大な量のエクセルシートから計算ミスを探しているような、そんなガチガチに肩を張って眉間にしわを寄せたような執着ではなく、もっとゆったりと構えてリラックスした、意識をしなやかに添わせるような状態を指す。

前者を「閉じた」集中、後者を「開いた」集中と表現したらわかりやすいだろうか。

瞑想というと、何かとても難しいもので、白髪の長いヒゲを生やした仙人が「心を無にするのじゃ」と一子相伝の秘儀を教えているようなイメージを描くかもしれない。

ボクも世界中のいろいろなところを巡り、達人たちに師事したが、実は心を無（0）にすることは、そんなエキスパートたちにも容易ではない。

ならば、一般人のボクらは0ではなく1を目指していこうじゃないか。

事実、マインドフルネスを養うほとんどの瞑想手法は何かひとつの対象に集中する。部屋を暗くしてロウソクの火に集中する伝統もあれば、心の中で数をカウントするような手法も、クリスタルボウルの音色だけに集中するメソッドなんかもある。念仏やマントラをひたすら唱える瞑想もあれば、ボクは目が回ってマインドフルネスどころじゃなかったのだけど、イスラム教のスーフィズムのように手の平を頭の上にかざしつつ、そこだけを凝視してクルクルと体をスピンさせ続ける瞑想法もある。

ここでは、初心者でもやりやすい方法だといわれている「鼻の呼吸に意識を集中する瞑想」にトライしてもらいたい。

まずは自分がもっともリラックスして座れる体勢をとる。

胡座をかいても、椅子に腰掛けても良い。クッションなどがあれば折り曲げて、そこにちょこんと座り、膝の位置が腰骨より下に来るようにすると安定するし、足が疲れにくい。

お尻の重心が落ち着くまで、しばらく前後左右に上半身を動かして一番安定する場所を探す。

軽く目をつむり、顎を少しひく、体のどの部分にもストレスがかかっていないかを点検する。肩が張っていないか、表情はゆるんでいるか、お腹はリラックスしているか、ゆっくりと少しずつ。

全体の力を抜きながらも、背筋だけはピンと伸ばす。

体勢が整ったら、鼻から息を吸って鼻から吐くという、普段は無意識でやっている行為に意識を向ける。そうすると、いろいろな感覚があることに気づくだろう。

体温より若干低い空気の温度、鼻の奥の壁にぶつかる風圧や、そよぐ鼻毛の感覚、鼻クソが詰まっていたらピーヒョロピーヒョロ鳴る笛のような音、かすかな匂いの存在、あるいは匂いの存在がないことも集中の対象になるはずだ。

それらの最も顕著に感じられるものをひとつ選ぶ。

その一点だけに、しばらく全神経を集中させた状態でいると、お決まりで必ず出てくるのが雑念。

もし出てこなかったら、あなたは既にマインドフルネスの達人。この本を返品してもらってもいい。

雑念のキッカケは、隣の家の犬の鳴き声かもしれない。すると、あの馬鹿犬はいつもこのくらいの時間になると吠えるな、この間、噛まれそうになって焦ったんだよな、餌あげて手なずけちゃおうかな、と連想してしまうだろう。

そうしながらも、あ、そうだ、今は鼻呼吸への集中だと再認識し意識を呼吸に戻す。

鼻の奥で風圧を感じる。鼻の奥で風圧を感じる。鼻の奥で風、風、風、俺、ちょっと風邪気味だな、喉の調子が変だ、後で薬局で風邪薬買わなきゃな、あのテレビで宣伝している粉末の薬効きそうだな、あのＣＭアイドル、俺の好みなんだよな……とまた勝手に連鎖が始まる。

様々な雑念により集中が乱れるのが人間の常

そうしたら、何のことはない、みんながやるべきことはシンプル、**ただ雑念が出ているという事実に気づく。そして集中に戻す。**

ここで雑念が出てしまったことや、うまく集中できないことにイライラしてはいけない。幼き頃、いたずらしてもやさしかった田舎のお婆ちゃんのように、はいはい、と穏やかに且つテキパキと乱れた集中を戻すのだ。

１００回雑念が出たら、１００回気づいて、１００回やさしく戻す。ただそれだけ。

この要領で続けていくと、面白いものでだんだん心が安定してくる。

姿勢を調え、呼吸を調えると、次第に心が調えられることから、禅では「調身、調息、調心」と心得を表現する。

ヒステリックな猿の軍団とサマタ

雑念はとめどない思考、記憶や感情の連鎖から成り立つ。

それをテーラワーダ仏教では「**モンキーマインド**」と呼ぶ。

ジャングルの中の猿が、枝から枝へとせわしく移動している様子を形容した言葉で、我々のマインドの習性を表現している。

魔境ハピネス山を攻略する第1ステージでは、これでもかこれでもかと出没するこの猿の軍団が、ボクらの行く手を阻む敵キャラだ。

猿たちとの戦いには、ただひたすら辛抱と根気が必要。
鼻呼吸への集中が雑念で乱れたら戻す、乱れたら戻すを延々と繰り返す。
すると、やっていくうちに、筋トレと同じく戻す力が徐々に鍛えられていくのだ。
繰り返し出現する雑念をダンベルに見立て、繰り返しアームカールしていく。

瞑想中に思考や感情、アイデア、身体的レスポンスなどが連鎖しながらどんどん枝渡りしていることに気づくこと。そして、とめどなく遠くへ行ってしまう前に気づいて早めに戻すのがポイントだ。

要領は、子供の頃、補助輪を外して自転車の乗り方を学び始めた頃と同じだ。

車体が左右どちらかにずれっぱなしになると当然転倒してしまう。だから右にちょっとズレたら左にちょっと戻す。左にちょっとズレたら右にちょっと戻す。それを繰り返しながら、無意識にズレを修正してバランスを取る。

集中の筋力が更についてくると、そのうち乱れたら乱れっぱなしにならず、モンキーが遠くの枝に移動する前にググッと戻せるようなスナップ力がついてくるし、もっと熟練してくると、モンキー自体も登場しにくくなってくる。

これを仏教では**サマタ（止）**と呼び、心の動きを止め、意識を定めるための修練になっている。

1 しっかりと安定し、ゆったりと座れる体勢づくり。体のどこにもストレスが掛かっていないように点検する。背筋だけはしっかりと伸ばす。

2 鼻から入ってくる空気を感じる。
風圧でも、音でも、温度でも、匂いでも。そのうちのどれかに集中する。

3 鼻から吸うときにその一点に集中。
鼻から吐くときには集中さえ手放しリラックス。

4 繰り返し、鼻から吸うときにその一点に集中。
鼻から吐くときには集中さえ手放しリラックス。

5 雑念が出てきたら、雑念が出てきたことに気づき、抗わずに、
やさしくゆっくり鼻呼吸に注意を戻す。

6 鼻から吸うときにその一点に集中。
鼻から吐くときには集中さえ手放しリラックス。

7 念が出てきたら、雑念が出てきたことに気づき、抗わずに、やさしくゆっくり鼻呼吸に注意を戻す。100雑念が出てきたら、100回戻す。

8 焦らず、ほどよい好奇心を持って、ひたすら上記を繰り返す。

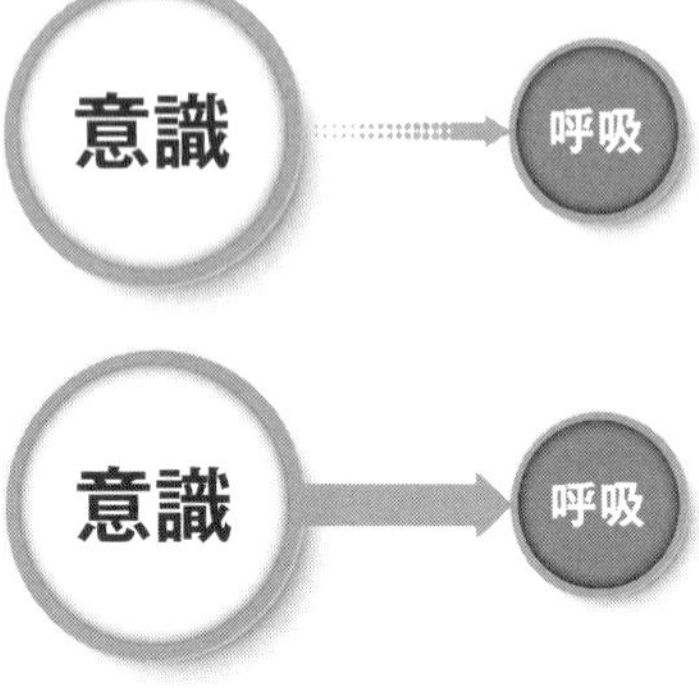

集中のフォーカスがより定まり、
かつブレがなくなってくる。
「サマタ」の状態

まずは1日5分でも良いから始めてみよう。瞑想にうまい下手はない。愚直に継続し積み上げていくことが大事だ。

サマタを鍛えられると、そのうち心に静けさを感じる、あるいは自分自身が静けさと一体化するような感覚を覚えるようになる。

そうしたらしめたもの。少しずつ時間を長くしていくと良い。歯磨きと一緒で、やらないと、なんとなく心のおさまりがつかないと感じるようになったら、習慣になった証拠だ。

マインドフルネスを携帯する

静かなところで目をつむり瞑想することが絶対に必要なわけではなく、実は工夫次第で、日常のどのシーンでもマインドフルネスを鍛えられる。

例えば、皿洗い。皿を洗いながら皿洗いのことだけを考えているという悠長な人はきっと稀なはず。あ、そうだ、ナイター中継の録画予約しなくちゃとか、昨日提出した見積書の間違いを後悔してたりとか、明日の送別会のスピーチを心配してたりとか、皿を洗いながら思考はどこか遥かに彼方へ飛んでいることの方が多いはずだ。

意識は過去か未来に自由に行ったり来たりするけど、肝心の今には留まりづらい。でも、紛れもなく今この瞬間、手元に存在する皿洗いという行為にしっかりと向き合うと、実はものすごい世界が展開されているのに気づく。

皿ひとつひとつ大きさや重さが違うこと、無数の泡がはじける音、柑橘系の洗剤のにおい、指とお皿が触れ合う感触、水の温度……。その世界に意識が入っていくと、おっくうだった皿洗いの時間が経つのも忘れてしまうことがある。それどころかもっと洗いたくさえなるかもしれない。このようにマインドフルネスの筋肉は日常でも鍛えられる。

歩いていても、運転中でもボクは信号待ちのときにマインドフルネスになるようにしている。

「あー、赤信号になっちゃった。残念。早く青にならないかな、この信号長いんだよなー、遅刻したら怒られちゃうな、先週も怒られたな」なんてモンキー軍団がむくむくと登場してくる。

そこであえて「ちょうど良かった、ありがとう」と思うようにする。だってその数十秒間は全く何もしなくていい時間を天から与えられたんだから。

まず深く呼吸をして、体重が大地に支えられている感覚を認識する。そして、垣間見えるビルとビルの間の空の青さ、その青さは前方だけでなく全天を覆っていることにただボーッと感じ入る。今、ここに起こっていることのみに、ゆったりした気持ちで意識を傾けるのだ。

スマホをせわしく取り出し、フェイスブックで「いいね」を何個もらったかをチェックしている場合ではない。

そんな風にして、心の安定を確保する瞬間を日常に設定し、ボクはモンキーたちを静かに巣に戻している。

地球とキスをする

歩きながらの瞑想も可能だ。チベット仏教のストゥーパ（仏塔）を延々と回って歩く瞑想もあるが、ボクが日常やっているのは、歩くスピードを少し落とすだけの瞑想。

とくに忙しいとき、気持ちがザワザワしているときに普段の3割減ぐらいのスピードを意識して歩く。

地面の1メートル先を見るように少し顎をひきながら、ゆっくり歩きだす。左足、右足が交互に体重移動をするように、下半身だけでなく上半身もバランスをとりながら歩いている感覚、目で距離感を保ちながら体の各部位が綿密にコーディネートされて動いている状態、歩行という動作に伴う体の全ての感覚を集中の対象とするのだ。

マインドフルネスという英単語を生み出した、近代を代表する高僧で稀有な詩人でもあるティク・ナット・ハン師は、プラム・ヴィレッジという南仏のリトリートセンターで、こう教えてくれた。

足で地球とキスをするように歩きなさい。

ティク・ナット・ハン（ベトナム出身の禅僧、平和運動家、詩人）――

なるほど、でもボクは汚れた40過ぎのおじさん、より有り難みを感じるためにまだティーンエイジャーだった頃の彼女とのファーストキスの新鮮さを念頭に置いて歩くようにしている。

みんなも今日の仕事や学校の帰り道で試してほしい。

アタマ時計とカラダ時間

マインドフルネス研究の世界的第一人者、ＭＩＴのジョン・カバット・ジン博士は、こう問う。

「みんな、朝でも夜でもシャワーを浴びる。でもそのときにちゃんとシャワー室や風呂場にいるかい？」

博士はへんてこりんな質問をするな、と思うかもしれないが、よくよく考えるとこういうことだ。

体はちゃんとシャワーを浴びている、しかし頭はプレゼンをした昨日の取引先のオフィスだったり、明日の職場の会議室だったりに存在しているのではないか。つまり、

頭は過去と未来を行ったり来たりの往復を繰り返す中で、常に「今」に顕在している身体にシンクロすることで、マインドフルになれるのだ。

このステージでの修行でみんなが発掘したのは、体時間で時を刻むカラダ懐中時計だ。ピンチのとき、モンキーに惑わされたとき、シャワーのときはシャワー室にいたいときには、頭時間にチューニングされた時計に惑わされる事なく、こちらのカラダ懐中時計を活用して欲しい。

第2ステージ

“Resilience”

レジリエンス

「精神的回復力を鍛える」

ゲームの第2ステージへと突入する。

基礎体力を付けたから、早速、飛び技を教えてくれって？
だめだめ、部活や選択授業で柔道を学んだことがある人ならわかると思うけど、攻撃を学ぶ前に何をするのか？

受け身でしょう。そう、地味だけどここでは逆境にめげない防御術をマスターしていこう。

悲劇は誰にも必ず起きる

映画 happy にもご登場いただいたハーバード大学の心理学者ダニエル・ギルバート博士によると、幸せな人とそうでない人の最大の違いのひとつは**レジリエンス、つまり精神的回復力**にあるという。

もし悲劇が襲いかかれば、もちろん、誰もが悲しみ、落胆に明け暮れる。幸せな人は不幸に対して免疫があるというのではない。愛する人が亡くなったらもちろん悲しむのが当然だ。彼らの大きな特徴は、**不幸せな人と同様に深い喪失感を味わいながらも、そこからの立ち直りが早いのだ。**

逆に幸福度の低い人はrumination（反芻）とaversion（忌避）を繰り返し、長時間に渡って塞ぎ込んでしまう傾向がある。

一体、何が次の人生へ進むサイクルを早くするのか。

仕事がうまくいかなかったり、人に裏切られたり、事故が起こったり、会社をクビになったりと、痛みがひとつもない人生などあり得ない。あったらボクが教えて欲しい。個人差はあっても、痛みというのは生きているかぎり絶対に避けられない。自分も愛する人も老い、いつかは必ず死ぬ。その摂理を逃れた人はいない。

仏教では諸行無常が大テーマ。でも、人生は苦しみばかりでどうしようもないよね、悲観しましょう、そうだ自暴自棄になろう、とは説いてはいない。
ナイキにJUST DO IT.、マクドナルドにi'm lovin' it、日立にInspire the Nextがあるように、諸行無常にもちゃんと補完的スローガンがある。

諸行無常
「ならばどう生きるか」

ネガティブ感情を知る

その人生がＴＶドラマにもなった世界的な心理学者で映画happyでもご協力いただいたポール・エクマン博士は、マインドフルネスを科学的に検証するリトリートで教えてくれた。

人間の感情は世界中どこにいっても以下の6つの普遍的なカテゴリーに大別される。

- **怒り**
- **嫌悪**
- **恐れ**
- **悲しみ**
- **驚き**
- **幸福感**

当然、生まれたからには幸福感をより頻繁に感じたいし、最初の4つのネガティブ感情は最小化したい。しかしエクマン博士は全ての感情には役割があり、ひとつでも欠けてしまうと人間として機能しないという。

つまり、ポジティブな感情の必要性は言うまでもないが、ネガティブな感情も人類進化の過程で必須不可欠であったということだ。

怒り、恐怖心、悲しみ、ねたみ、嫌悪は警戒心や注意深さを高め、外敵から種を守ってきた。怒りは上半身に血を多く送り、すぐに武器を握り威嚇できるように、恐れは下半身に血を送り、すぐに逃げられるように、嫌悪は食べてはいけない食物を認識するように、それぞれが必要不可欠なのであった。

なるほどこの弱いボクらを守るために健闘してきてくれたのね、と彼らの存在を否定せず、いったん存在を受け入れるとしよう。

でも「必要以上に過分な」ネガティブ感情は百害あって一利なし。

この第2ステージでみんなとマスターしたいのは、卓越したオーケストラの指揮者になったつもりで、感情というそれぞれが重要な役割を持つ楽器奏者たち全員を尊重しながらも、聴きたい音色に合わせて、適した楽器の音量を強調したり、そうでない楽器を制御したりするスキルとなる。

過分な被害者意識

ちなみにボクが小さいときから執拗に社会の勝ち組に憧れた理由は、ただ単に周りからの影響だけではない。

実は物心ついたときから根強くあった出生に対するコンプレックスが大きく起因している。

ヘンテコリンな名前からも察せる通り、ボクは在日コリアン。日本生まれの3世にあたる。今でこそ韓流ブームでコリアンの印象は大きく改善したが、ボクが子供の頃はかなり風当たりの激しいものだった。

いろいろな面で冷遇されないようにと考えた両親は、コリアンの名前を使わず日本名のみを使い生活するよう育てた。

皮肉にもガキ大将だったボクは、いつか自分の出生がバレてしまうのではないかと恐れた。そうなったら大将の座を奪われイジメられっ子に格下げだ。夕食で食べたキムチの匂いがしないよう、翌朝、神経質に歯を2回も磨くという風に、いつも不安と恐怖にさいなまれていた。当時、日本に経済的に勝てない韓国の血を引いているボクは、他の子供と比べて劣っているのではという強烈な劣等感があった。ちゃんとした就職も、まともに日本人女性と結婚もできないだろう、と頭の中には常にそんなナレーションが駆け巡り、悩み苦しむ少年時代を過ごした。

あぁ、俺はなんて不幸な星の下に生まれたんだ、と両親を憎んだことさえあった。

ついでだ、もうひとつ、ボクの苦しみの話をしよう。

ボクは15年ほど前、留学中に当時、結婚を誓い合った彼女に振られた。スカイプもLINEも使えなかった時代だったので遠距離恋愛が実らず、彼女は新しい彼氏のもとへ去っていった。

それはそれは大変な、人生最大の悲劇。ボクはひどく苦しみ、傷心をかなり長いこと引きずった。なぜ、あのときに彼女にあんなことを言ってしまったのだろう、時間を戻したい、あの男だけは許せない、殺してやる、今も一緒なのだろうか、こんな俺を誰も愛してはくれない、出会い系サイトに登録しようとしている自分への嫌悪、あぁ、この状態から早く抜け出したい。

しばらくして気持ちを持ち直しても、何かがキッカケになってまた苦しみが始まる。

前を走るあの赤い車、あのキザ野郎が乗っていた赤いフィアットに似てる。俺の黄色いサーブより高級だ。俺はまた負けた、胸が締め付けられる……今となって思うに、一時期は鬱病の手前だったかもしれない。

苦しみの描写

ここでみんなにイメージして欲しい。

ある事実のためにひどく苦しんでいる。そんなことのひとつやふたつ、みんな人間だからあると思う。

次の5分間、トラウマにならない程度にみんなの苦しみについてジャーナリングしてもらいたい。

何がつらいのか、どうして苦しいのか、自分の状態について、鉛筆やペンを握る利き腕があたかもハートに繋がっているかのように、想いを一気に紙面に放出して欲しい。

熟考や推敲をせず、5分間、
巡る感情を放出するように一気に書き出す。

猿軍団の逆襲

そのナマナマしい「苦しみ」というモノを上から下から、横から、斜めから、よーく観察して欲しい。押し寄せる情動に流されないで客観的に観察してみよう。

すると、面白いことに気づくかもしれない。

確かに過去に何かが起こって今ネガティブな情動が顕在化しているのだが、その「何か」が今も我々を苦しめているのではなく、**「何か」にまつわるボクら自身の「思考」がボクらを苦しめている**ということに。

確かに在日コリアンという事実、フィアンセに振られたという事実はインパクトがあった。しかしそれ以上に、イジメられるのではないかという心配、自分は劣っているのではないかという劣等感、あの男が憎らしいという執念、この状況から抜け出したいという焦り……そう、ボクの場合、これが苦しみの実体だったのだ。

苦しみは、苦しむ者がその限界を知っていて、その恐怖に想像を加えなければ、堪えられないこともなく、また永続するものでもない。

マルクス・アウレリアス（ローマ皇帝）――

ここまでしっかり熟読してきたみんなはここで気づいたかもしれない。

そう、これって何かに似ているよね？

その通り、前述の**モンキーマインド**なのだ。人が雑念を持つとき、思考から発生するアイデア、感情、記憶、身体的リアクションのとめどない連鎖が発生する。

そこでボクらは第1ステージで何を学んだか？　雑念が出たら気づいて戻す、雑念が出たら気づいて戻す、という単調な作業を繰り返し、雑念を手放す力を養った。そうすることで、めぐりめぐる思考の連鎖からも自分を解き放すことができたではないか。

苦しみに伴うネガティブな反芻や忌避も、実はモンキーマインドが姿を変えてボクらの心に絡んできているだけ。

苦しみの森で思考の枝を渡りどんどん深みへと移動していくモンキーに気づいたら戻す、気づいたら戻す、この繰り返しで本来あるべき心の状態へと戻すことは可能なのだ。

その視点で、今一度、苦しみについて描写したジャーナリング文章を読み直して欲しい。

そして極めて客観的に、厳しい赤ペン先生になったつもりで、つまるところ、どの部分が「自分の思考」なのか下線を引いて添削してみて欲しい。苦しみの実体がわかるはずだ。

ボディスキャン瞑想

今一度マインドフルネスを鍛えよう。

皿洗い、信号待ち、歩く瞑想、いずれの手法も、**心の中で実況中継されている「過去」や「未来」を一旦手放し、紛れもなく体で感じている「いま」にシンクロさせる。**

第1ステージで発掘した武器、カラダ懐中時計をポケットから取り出して、過去の後悔と未来の心配を餌にして大活躍しているモンキー軍団に決別するのだ。そうすることで、心の安定に繋がる。

第2ステージでは難易度を少し上げ、集中のターゲットを鼻呼吸の一点から体全体に広げ、体の至る所に動かしながら瞑想してみよう。

基本的な要領は同じ。集中（今回は移動していく）する中で、意識が他のところで飛んでしまったら、それに気づいて、やさしく集中に戻す。また意識が飛んだら、またやさしく戻す。これだけだ。

ボディスキャン瞑想は読んで字のごとく、体のすみずみを意識でスキャンニングしていく。病院のCTスキャンのようなイメージで、ゆっくりじっくり体のパーツパーツを観察していく。

ウォームアップとしてまずは体を少し敏感にしよう。ボールペンでも箸でも良い、何か棒のようなものでまぶたを軽くタッピングして欲しい。

当然のことながら皮膚の上を先端が接触しているのを触知できる。

次に唇に触れる。ちゃんと触知できる。またまぶたに戻るが、今回は棒を使わずに、意識だけで触れる。すると微かだが何かしら知覚できるものが見つかるだろう。

表面のぼんやりとした感覚、もしかしたら若干のかゆみも感じられるかもしれない。

同じことを唇にも繰り返す。

このように「意識で触れる」要領をつかんだら、目をつむりリラックスして座る。背筋だけはシュッと伸ばすことをお忘れなく。

1 意識を頭のてっぺん、つむじの表面に向ける。微妙な感覚を察知できたら、
顔のパーツのひとつひとつに意識を下降させ、それぞれに約５秒間留まらせる。

2 その間に雑念が出たら、それに気付き、やさしく戻す。

3 同じ要領で顔から上半身のパーツのひとつひとつ、
下半身のパーツのひとつひとつへと意識を下ろしていく。

4 足の先まで到達したら、右足の表面全体、背中表面全体と、
意識の幅を広げながら上昇させていく。

5 その間に雑念が出たら、それに気付き、やさしく戻す。

6 頭まで到達したら、今度は表面だけでなく、中身まで感じる。脳も含めて
頭全体、骨も含めて右腕全体、内臓や含めて腹全体と意識を下ろしていく。

7 両足の中身まで感じたら、最後は体全体、
表面も内側も含めて全てを触知する。

意識は五感など他の対象にも自在に動かすことができ、かつ留めておくことができる

ボディスキャン瞑想でふたつのことがわかってくる。

意識次第で体の感覚により敏感になれること、そしてこれまで鼻呼吸だけに固定されていた意識を他の対象に自在に移動させることが可能であること。

よりフレキシブルになることで、自分が置かれたどんなタイミングでも、カラダ懐中時計を使って体がいま何を感じているかに意識を向けるだけでモンキーマインドと決別できるようになるはずだ。

メタ認知という分身の術

とはいえ、人によってはトラウマが強烈でなかなか立ち直れない人も多い。退治したはずの猿軍団が、更にパワーアップし、断ち切っても断ち切っても我々の心にまとわり付いてくる場合もあるだろう。

そこで最高の防御術を授ける。

メタ認知

メタ認知とは認知を認知すること。人間が自分自身を認識する場合において、自分の思考や行動そのものを対象として客観的に把握し認識すること。それをおこなう能力をメタ認知能力という。

Wikipedia

メタ認知は昨今の心理学で研究が盛んに進んでいる「試験に出るよ」的な重要テー

マのひとつである。

平たく言うと、**頭の中にもうひとりの自分がいて、自分のことを第三者の視点で観察するかのような能力**を指す。分身の術という忍術だと思ってもらうと良い。

メタ認知をネガティブ感情に対してどのように活用するのか。

映画happyでインタビューしたロサンゼルスで開業している精神科医の先生から聞いた話を紹介しよう。

誰もが比較的、気軽に心の状態についての診療やカウンセリングを受けるアメリカ。日本ならば「キレやすい」の一言で片付けられてしまう症状に対しても、「アンガーマネジメント」が必要な一種の精神疾患と捉え、一連の療法が確立している。

国籍を問わずとも、怒りっぽいことで人間関係を損なったり、ビジネスの機会を損失することは想像に難くない。相談に来る患者は後を絶たないそうだ。

例えば、自分の怒りがコントロールできずに奥さんにいつもキツく当たってしまい、結婚生活の危機に瀕している男性が来院したとする。

「初診の今日は、とりあえずこれで終わりです。次回の診察はいつにしましょうか？」

「来週の水曜日でお願いします」

「わかりました。それではあなたの怒りの種類をしっかりと判別し今後の治療に活かすため、この1週間やってもらいたいことがあります」

「もちろん、結婚生活を守るためなら何でもします」

「それでは来週のアポまでに奥様に対して怒ってしまう場面があると思いますので、私にちゃんと報告できるようつぶさにその状況を記録してください」

「そんなことですか、もちろん」

「それではまた来週」

その患者が家庭に戻り奥さんと生活する中で、理由はさておき、案の定ムカムカッとする場面が発生する。

「おいっ、ふざけんな！　この青いワイシャツ、ちゃんとクリーニングに出しておけって言っ……」

『おっと、ちょっと待て。先生にちゃんと報告しなくちゃいけないから、この状況を観察しなきゃ……　金曜日の19時40分、妻は赤いセーターを着ていて、テレビではアメリカンフットボールの試合が放映されている、明日着ていくはずのワイシャツが洗濯機に入ったままの状態に気づいた、前にも同じことがあった、お腹がムカムカッとしてきて……』

1週間後、精神科医のクリニックに戻った男性は言う。

「先生、すいません。観察しようと思ったら怒れなくなっちゃいました」

これはアメリカンジョークではなく本当に使われている治療法だ。

つまり、**情動に呑み込まれたときに第三者の視点でその状況を客観的に観察することで、すでにその情動から一線を画すことができる**と科学的に実証されているのだ。

怒りや恐怖などの情動を司る「感情の脳」アミグダラ（扁桃体）が暴走すると、理性ある行動を司る「考える脳」前頭葉の働きをハイジャックしてしまう。しかし、感情的にとっちらかっている真っ只中でも、分身の術を駆使して自分をメタ認知するというシンプルな行為によって、脳のリソースは優先的に振り分けられるため、前頭葉はアミグダラから主導権を取り戻しちゃうって寸法だ。

メタ認知を鍛えるヴィパッサナー

そんな重宝なメタ認知、一体、どのようにして鍛えられるのか。

第1ステージで出会った頼りになる助っ人、サマタには対になる強力な相方がいる。

それが**それがヴィパッサナー（観）だ**。

この組み合わせは別名「止観」として日本の仏教でも重要な役割を持ち、多くの人の幸せに役立っている。


サマタで研ぎ澄ませた集中を、もっと他の対象に向けてみる。

それは自分の心の中に発生している情動や、考え、判断さえも客観的に観察してみることを可能にする。それらがどのように出現し、どのように変化し、他とどう関連して、どれくらい継続して消えていくのかわかるようになってくる。

そのためには向かってくる情動に対して、卓球選手のようにすぐにピンポン球を弾き返すのではなく、ただひたすら観ることが重要だ。

鼻呼吸、五感へと確立した意識の矢印を、
心の中で展開している考えや情動に移動させる

ダライ・ラマ法王の通訳を務め、自身も僧侶となったアラン・ウォレス博士は瞑想リトリートでこうコツを教えてくれた。

ゴムボートに乗って海にぷかりと浮かんでいる自分を想像する。しばらくして、好奇心を持って水面下に顔を浸す。目を開けるといろいろな海藻や魚などが見える。

もっとしっかり観察できるよう、片手でボートの端をしっかりと掴みながら、シュノーケリングのように体ごと水面下に入り観察を続ける。

黄色い小魚がどこから来てどこに消えていき、黒い魚の群れがどの速さで移動し、気泡が発生している様などをあるがままに見つめる。きれいだなとか、天ぷらにしたら美味しそうだなとか、主観を挟まない。

ウォレス博士は海流に流されずゴムボートに体をしっかりと固定できる能力を「サマタ（止）」に例える。

サマタによりしっかりと安定した状態を確保できてはじめて、我々の「思考」にあたる魚や海藻、気泡などを観察できる。

それらをじっと水面下で一切の偏見を持たずにただ観る傍観者的な視座を鍛えることを「ヴィパッサナー（観）」と説明してくれた。

観ることで何がわかるのか？

ヴィパッサナーを修行していくと生々しく感じるようになってくる。魚の種類は多岐にわたり、現れては消え、現れては消える。何ひとつ、永続するものはない。

そして本来、我々の存在は魚でも海藻でもない、それらを観ることができるダイバーであるべきなのだ、と。

メンタル・ノーティング／ラベリング

メタ認知が自然にできるように鍛えよう。

まずはマインドフルに座る。そして鼻呼吸でも、ボディスキャンで動く対象でも、何でも良い、何かひとつに意識を定め、集中が落ち着くのをゆっくり見守る。

コツは心の中で顕在化している対象に、抗することなく、ひれ伏すことなく、同意することなく、ただラベリングしながら認識してあげること。

彼らは敵でも、上司でも、味方でもなく、ただ一時的に存在しているビジターのような対象なのだ、というカジュアルな距離感を保てればしめたものだ。

前方と後方のドアはいつも開けておきなさい
自分の考えが出たり入ったりできるように
でも彼らにお茶を振舞う必要はない

鈴木俊隆（アメリカで禅を広めた昭和の曹洞宗の僧侶）――

1

しばらくマインドフルに座る。

2

雑念が出てきたら、
客観的にそれが何なのか意識の中でラベルを貼っていく。

3

イライラ、後悔、心配などだったら「感情」ラベル。
感じている、と心の中で唱える。

4

過去のことが浮かんできたら「記憶」ラベル。
覚えている、と心の中で唱える。

5

アイデアだったら「考え」ラベル。
考えている、と心の中で唱える。

6

五感であれば、聞こえている、嗅いでいる、
触れているなど、心の中で唱える。

観客の視座

これをボクらの逆境の真っ只中で活用する。

ウォレス博士はこうも例える。自分が辛く苦しいとき、その体験をしている主人公を、あたかも映画館のスクリーン上に観るような傍観者的な視座を持つ。主人公に傾倒したり、憐れみを抱いたり、応援をするのではなく、ただ観客として観る。それでも主人公の痛みや辛さを感じてしまう場合は、更にその観客の後ろの列でその背中ごしに映画を観ているもうひとりの観客の視座を持つ。これをすることで苦しみを軽減できる、とのことだった。

幸か不幸か、ボクはこのテクニックを試す機会に恵まれた。

数年前、ボクは生体肝移植のドナーになった。

術後は楽だよ、と事前にネットで調べていた予備知識と全く違って、めちゃくちゃ痛かった。

病室で激痛をこらえながら、手術直前までタイのリトリートセンターでヴィパッサナーを修行していたボクは、ここぞとばかりに痛みに苦しむ登場人物を大画面で観とどけてやろうと決めた。

いたた、いたた、と一列、二列と後部座席に後退しながら、苦しみの構造をリアルに観てやった。

そしてわかった。腹の「痛み」はリアル、全然、いくらあがいても消えない。だがしかし、格好つけてドナーにならなきゃ良かった、という後悔、その状況から早く脱したい、という切望、お腹の傷は思ったよりデカくて恥ずかしいな、夏のスケジュールは全部キャンセルだよ、どうしてくれんの、と必死にもがく「苦しさ」は別物。

葛藤は自分の心が字幕を付けているだけのもので、オブザーバーとしてそのメッセージを読むか読まないかは自分次第なのだということが確信できた。

痛みは避けられないが、苦しみは選択できる。

ダライ・ラマ14世（チベット仏教の最高指導者）――

伝記作家の視座

10年前、脱サラして映画happyの製作を開始した同じタイミングで、ボクは海外で伝記漫画シリーズの出版プロジェクトも立ち上げた。

子供の頃読んだキュリー夫人物語やベーブ・ルース物語から多くのことを学んだので、日本語だけじゃなく他言語で偉人の話を伝えられたらビジネスとして面白そうだと踏んだのだ。

知り合った漫画家たちの協力を仰ぎながら完成した伝記漫画シリーズは、ありがたいことに世界各地で出版され多くの反響を得た。自慢になるが、作品を読んだダライ・ラマ法王、オバマ大統領、ジュリア・ロバーツにも絶賛された。

当然、プロデューサーとして、次にどんな世界の偉人を漫画化するかを判断する際に、本にして面白い人生、読み応えのある人生かを吟味しなければならない。

明白なのは、伝記として最悪の素材は「無難な人生」であるということ。全てがスムースに運ぶ平穏な人生、葛藤のない物語は読者を惹きつける伝記には成りえないということだった。

ガンジー、マザー・テレサ、チェ・ゲバラ、ネルソン・マンデラ、彼らがヒーローに成り得た理由はとてつもない逆境を彼らなりの知恵、勇気、頭脳、やさしさ、忍耐力などを駆使してちゃんと乗り越えた（乗り越えようとした）からなのだ。植民地支配、宗教観対立、貧困撲滅、人民解放運動など、想像を超える課題を押し付けられたときにどう対応していくのか、読者はそこにカリスマを見出す。

つまり、好む好まざるにかかわらず、**ボクらが直面する逆境や困難は解釈次第では、かなりオイシイのだ**。

伝記読者的なメタ認知を駆使し、今、自分が直面している日々の不幸を「これ、私の伝記の２４６ページ、主人公の頑張りどころ。ここで魅せるよ、主人公！」と少し離れて分身を見守り、大いに腕まくりをして乗り越えていって欲しい。

新しい始まりは、つらい終わりに変装しているときが多い。

老子（古代中国の哲学者、道教の始祖）——

レジリエンス in バリ島

結論として、ボクのレジリエンスが強くなったって？　そう思う。

バリ島に移った当初、不安定なメディアプロデュース業以外でも生計を立てる必要を感じたボクは、リクルート時代から冠婚葬祭ビジネスがとても高収益ということを知っていたので、風光明媚な敷地に結婚式場を建ててしまおう、と皮算用をした。

なけなしの貯蓄と家族からも資金を工面し、広大な土地を長期リース。チャペルの近未来的なデザインも完成し、さぁ、これから建設に入ろうという時点で大事件が起こった。

一夜にして建設資金を盗まれてしまったのだ。週末で銀行が開いていないから大量のキャッシュを自宅に保管するというヘマをやらかし、そこをまんまと狙われたのだった。未来のバラ色の計画が崩れ去った瞬間だ。かなりの損失額だったことから、翌日、この盗難事件はバリ島の新聞の一面トップを飾る。もちろん、とんでもない怒りと悲しみ、後悔が、パニクる自分に押し寄せた。初日はそんな情動にしっかりと呑み込まれた。

しかし、その落ち込みから2、3日後にはちゃんと回復している自分に驚いた。フェイスブックには新聞記事と並んで笑っている自撮り写真を掲載。悔やんでもどうしようもないじゃん、とスムースに気持ちの切り替えを行えたのである。

日々のマインドフルネスの鍛錬のお陰以外の何物でもない。

第3ステージ

"Compassion"《コンパッション》

「愛情・人間関係力を高める」

お待ちかね、第3ステージは幸福感にロケットエンジンを用意した。

これまでは基礎と防御を学んだ。ここからは攻めに入っていこう。

ここをうまく突破すると街で出くわす人全て、全然知り合いでなくても、妙な親近感を感じて思わず抱きしめたくなってしまう、というある意味危険なスキルをゲットすることができる。


6年の月日をかけて世界2周半しながら幸せの探求をしていたボクら。国籍、人種、信条、収入の差異を問わず、ユニバーサルな幸せは何なのか、という問いに対してなかなかドンピシャな共通点を見つけられないまま月日は経ち、少し焦りを感じ始めた頃、ロコとボクはひょんなことから幸福の大原則みたいなものに出くわしお互いを見つめあった瞬間があった。

発見した事実。それは……


幸せな人は皆やさしい。

あまりの単純さにコケたかもしれない。

でもボクらは大真面目。もしイエス・キリスト、モハメッド、ブッダなどの聖人が現世に生きていたら、このフレーズを絶対リツイートするかフェイスブックで「いいね」を押してくれるはず。だって世界中どこへ行っても例外がなかったのだから。

そう、これまで取材で出会ったユーダイモニア的な幸せな人たちはみんな、**Compassion／コンパッション（慈悲、共感力と利他心）**に溢れ、実際に他の誰かを助ける具体的な行動をとっていたり、ときには自己犠牲も厭わぬ人たちだったのだ。

みんなの周りの幸せな人はどうだろう？

人の痛みのわかる能力、そこから発生する具体的な思いやりのある行為、ここに幸せの秘密が隠されているはず。

でもロマンチストなボクらの主観的な意見だけでは映画として信憑性がない。そこでこの仮説を、研究室にいる心理学や脳医学の先生たちに尋ねてみた。

すると、ほとんどが大真面目に「大正解！」と口をそろえて言ってくれたのだ。

感動鳥肌フレーバーのオキシトシン

人が幸福感を抱くときに脳内に放出される物質には何種類かある。

何かを獲得したり、勝利したときに「やったー」という嬉しい感覚と共に放出されるドーパミン、マラソンでランナーズハイに達したときなどに発生する痛みやストレスなどを和らげてくれる有り難いエンドルフィン、リラックスした状態のあの心地よく爽やかな感覚のセロトニン……など、各種の幸せ脳内ホルモンがある。

それぞれがユニークで甘く美味しいフレーバーを持っており、それらをブレンドしたカクテルを我々は日々、脳で飲んでいる、と例えよう。

そこで、魔境ハピネス攻略の第3ステージではボクの一番のお気に入り、ほっこり感テイストの**オキシトシン**をガバ飲みしたい。

オキシトシンは人が愛情に触れたとき、他人との絆を感じたとき、助け合いの中などで分泌される。

東日本大震災という大悲劇の中、ボランティアやレスキュー隊員が被災地の人たちを一生懸命に助けているシーンをテレビ中継で見たとき、誰もが鳥肌を立てながら感動したはずだ。それを思い出して欲しい。人間っていいな、と熱い涙を流した人も多いと思う。あの鳥肌感がオキシトシンのフレーバーなのだ。

オキシトシンは救済する人、救済される人、両方が感じる。そして更に面白いのは**それを目撃した第三者にも分泌される**。それがゆえに、感動というプレゼントを得た第三者も他の人を救済するモチベーションが高まり、実際にやさしい行為が伝染するよう人類はプログラミングされているのだ。

ダーウィンの進化論ではないが、他の動物よりちょっと賢いぐらいのか細い哺乳類がここまで生き延びられた理由は、適合性だけではないオキシトシンを介した相互補助の生存メカニズムにも大きく起因しているのだ。

コンパッションを鍛える

それでは、小学生の道徳の授業ならいざ知らず、既に成人となってしまったボクらのコンパッションを、よりやさしくなったり、より人助けをするように鍛える、なんてことができるのだろうか。実際、ボクも半信半疑だった。

でも心配するなかれ！　できるのだ。智慧の文化の中で培われた手法があるので紹介したい。

自分のエゴを満たすモノや言葉だけを追い求めていたボクが、多少はマシな人間になれたのだから、演習を積めばみんなも大丈夫。

セルフ・コンパッション（自己愛）

他人への愛情を鍛える前にやるべき宿題がある。

まずは自分自身に対する愛情を強化することだ。そこから生まれる自信こそが大切なのだ。他人に対するコンパッションもそこから始まる。

自分に対して素直になれない人は、世界中の誰に対しても素直になれない。

エレノア・ルーズベルト（アメリカ合衆国の第32代大統領フランクリン・ルーズベルトの夫人）――

航空安全上の常識として知られることで、世界のどの航空会社も機内誌に図解入りで載せている注意事項がある。

飛行機にトラブルが発生したとき、座席の上から酸素マスクが落ちてくる。そのとき、小さな子供を持つ保護者でも、まずは自分自身へのマスク装着を優先するよう指導しているのだ。

大事な子供の命を優先させたいのが人情だが、統計学的に乗客の生存確率をストイックに考慮すると、まず自分が酸素を確保した方が最終的に他の人を救助できる確率が高いことが明白なのである。

酸素と愛情の確保を同義でとらえながら、自分の足元をしっかりと見てみよう。

そして、これまでの人生で他から与えられてきた愛情を再認識し、自分という存在が十分な愛情でできている、ということを実感しよう。

ネイティブアメリカンに伝わる、スウェットロッジというサウナ内での儀式で教えてもらった自己対話メソッドを紹介しよう。

HAPPINESS TRAINING

ボクのワークショップでも活用しているのだが、受講者が自分への愛情を再確認するのにとても有効的だ。

1 マインドフルに心を調える。

2 軽く目を閉じる。

3 そして記憶の遡れるところ、幼少期まで遡る。

4 時系列的に自分が小さな頃から呼ばれていた数々の愛称やあだ名をひとつずつ思い出す。

5 そして、それを口に出し自分に呼びかけてみようにつぶやいてみる。

6 なるべく時間を撫でるように、現代に至るまでゆっくりとそれを続ける。

7 現在まで到達したらゆっくり目を開ける。

するとどうだろう。忘れていただけで親愛を込めて呼ばれていた数々の名前を再認識できて、なんだか穏やかでやさしい気持ちになるではないか。

そして、同時に呼んでくれた人や呼ばれたときの状況が走馬灯のように思い出される。亡くなったお爺ちゃん、幼稚園で出会った初めての親友、面倒見の良い近所のおばさん、厳しくも親身になって怒ってくれた中学校の担任の先生……。いろんな人が自分の名前を呼んでくれた。

全てが全てお気に入りの名前ではなかったり、苦々しい思い出も混ざっていることもあるかもしれないが、このワークをした多くの受講者が、自分は数え切れないほどの多くの人たちに守られ愛情を受けてきた、なのにそれを忘却していた、ということを感想として述べる。

あなたは愛される価値があり、これまで圧倒的多数の人にお世話になり、実際にケアされてきた、そしてその愛情を今でもしっかりと感じることができる。

この繋がりから来る自信に立脚し、次に進んでいこう。

自己愛の落とし穴

もうおわかりと思うが、ここで言う自己愛とはインスタグラムでリア充写真のみをアップしたり、スポーツジムの鏡に映る自分の上腕筋にうっとりしたりするようなナルシズムを指しているのではない。

むしろ、自分は他人からも自分自身からも愛されるに値する、という健全な自尊心を指している。**自分の強さと弱さ両方を率直に受け入れ、ありのままの自分に対し尊厳を持ち、同様に他人にも尊厳を持つ。**

自己愛の解釈を間違うと大変なことになることを、ボクは何度も目撃してきた。

このステージの冒頭で、世界中を回って発見した幸せな人の共通点である「幸せな人は皆やさしい」ことについてお話ししたが、悲しい逆説も紹介したい。

肥大したエゴは幸せに反比例する。

ビバリーヒルズで精神科医を営むジェンズ・シュミット博士は、富や名声を掴んだ人々に鬱病などの精神的疾患が多い傾向を、自己中心的に偏った自己愛にあると問題提起してくれた。

人はお金や評判を獲得し、自分の権利をより強く主張できる環境が整うにつれて、相対的に他者を自在にコントロールできる「もの」と勘違いしてしまいやすくなるという。

私はこういう優れた存在なのだから、私はお金を払うお客様なのだから、私の属する世界は君たちより上等なのだから、しかるべき権利があって当然なのだとエゴが膨張してしまう。

これをエンタイトルメント（与えられた権利）・コンプレックスと呼び、境界性パーソナリティ障害を引き起こす要因にもなっている。

昨今の日本社会には、著名人の過ちやスキャンダルをこれでもかと非難し、相手が立ち直れないまで叩きのめす風潮があるようだ。

私はオナラなんてしたことございません、と自分を完璧な人間であるかのような錯覚をし、他人に厳しく当たる。

この錯覚が不幸の元凶。誇張されたエゴが満たされないとみんな駄々っ子になってしまう。自分の素晴らしいところ、自分のよろしくないところは自分が一番知っている。そもそも人がいないところで、みんな屁をこきまくってるでしょ？ 所詮、人間なんてそんな存在なんだから、等身大でエゴを捉え直し、他人にも、自分を取り巻く環境にも寛容になろうよ。

強力ロケットエンジン：慈悲の瞑想

チベット仏教の「慈悲の瞑想」といわれる「Metta Bhavana」も、まずは自分のことを祈るところから始める。

この瞑想はこれまで学んだマインドフル瞑想と異なり、じっと何か「ひとつ」の対象に意識を向けて雑念に気づく、という手法ではなく、下記のガイダンスに従ってむしろイメージや想像力を使う。

最初は同じ。他の瞑想と同じようにリラックスできる状態で座り、背筋をピンと伸ばして呼吸に集中しマインドフルな状況をつくる。
そして、目を軽く閉じ、自分が微笑んでいる姿を想像する。

次のマントラを唱えよう。

- **私が**健康的な毎日を送れますように。
- **私が**充実した人生を過ごせますように。
- **私が**ストレスと苦難から解放されますように。
- **私が**周りに愛され、幸せでありますように。

この「私」の部分を①とし、次に②愛する人、③好きでも嫌いでもない人、④苦手な人・嫌いな人、⑤世界中の生きとし生けるもの、という具合に順を追って対象をすげ替え、心の中で強く念じる。なるべくゆっくり誠心誠意念じる。

③と②は何も問題ないだろう。普段から自然にやっていることだ。

③は、偶然立ち寄ったコンビニの店員さんとか、昨日のタクシーの運転手さんとか、天気予報のお姉さんとか、好きでも嫌いでもない、自分にとって中立的な人だ。なかなか難しそうではあるが、①②と演習した後で勢いに乗り意外と簡単にこなせてしまう。

難しいのは④。「嫌っている人、自分を裏切った人、過去に傷つけられた人、許せない人をどうして愛せるのか。そんなの無理に決まっている」と思うのが当然だ。だからこそ、この瞑想をやる価値があるのだ。

嫌いな人を愛することは難しい、だが愛そうと「トライする」ことは可能かもしれない。その行為自体が、すでにブレイクスルーになっている。

やがて④に対する憎悪ラベルが剥がされ、自分自身が解放され、気持ちが楽になっていくのを感じるだろう。

愛しやすい相手を愛するのは簡単だ、愛せない相手を愛そうとすることに人間の成長があるに違いない。

敵を愛しなさい。よくしてあげるのです。返してもらうことなど当てにせず、気前よく貸してあげなさい。そうすれば、天から、すばらしいごほうびがいただけます。

キリスト教　新約聖書（ルカによる福音書）――

素晴らしいご褒美とはズバリ幸福感を指しているという解釈もできる。
ポジティブ心理学の世界的権威、バーバラ・フレデリクソン博士がＩＴ企業の従業員２０２人に対して９週間の慈悲の瞑想を体験してもらったところ、大多数の被験者がムード、人生に対する満足度、希望、感謝の気持ち、愛情などの大幅な上昇を体験した結果がある。

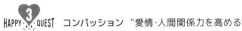

意識を向ける対象を他者の心や意識に移動させる

慈悲の弓矢

ご高齢にもかかわらず、世界中で活発に「幸せ」と「慈愛」の教えを広げているダライ・ラマ法王に取材している間、興味深いことに気づいた。

それは世界各地で講演を終え会場を後にする際に、ほぼ必ずと言っていいほど、法王はセキュリティーの目をかいくぐり、沿道にいる観衆に近づき、握手や抱擁を交わすのだ。知っている人も知らない人も、可愛らしい子供でも、怖そうなマフィアっぽい人でも、少し臭いそうなホームレスのおじさんでも、分け隔てなく、全て同じ「生きとし生ける者」として無条件で愛情を注ぐ。

この「無条件」というのが慈悲の瞑想でも大切なのだ。

苦手な人・嫌いな人とレッテル付けや区別をせず、愛する人と同じように無条件で幸せを祈るのがポイントだ。

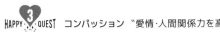

このステージではシューティングゲームのごとく、みんなの射的能力を高めていく。ただこのゲームには敵味方の別がない。全員が味方で、その全ての人に愛の弓矢を撃ち込むのだ。魅力的な異性、親友、気の合う相手だけでなく、苦手なタイプの人、電車で独り言を延々とつぶやいている危ないお兄さん、生意気な後輩や偉ぶる上司、行列に割り込んでくる無礼な人などにも、分け隔てなく愛を届けるのだ。

いや、でも過去の経緯からアイツだけは例外だ、みたいな特別選手枠は作らない。駅のプラットフォーム、スーパーの冷凍食品売り場、会社の職場、どこでも誰にでも「今日1日、あなたにとって充実した日になりますように」「傷ついていたら守ってあげるよ」「おにいちゃん、今日も大変だろうけど頑張ってね」と声に出さずとも心の中で愛をささやく。

そんな風に無条件で人に好意を感じると、良いことの方が目につくようになる、ネガティブな要素が見えにくくなり、なんとなく誰もが友人のように思えて親近感が湧いてくる。

それでも、どうしても苦手なタイプの人がいると思う。

そんなときはちょっと応用編がある。その人のやさしい行為を想像してみるのだ。年老いた母親の荷物を持ってあげている姿や、かつて子供の頃、いじめられないように不安だった、でも無垢な少年や少女のイメージをその成人となった体の中に見いだす。心理療法にも使われるインナーチャイルド（内なる子供）を、他の人の中に認識するテクニックだ。

そして自分の中にも健在しているインナーチャイルドから、心の中で軽く挨拶する。

HAPPINESS TRAINING

1

電車などで移動中、
向かい合わせに座った人たちの顔を確認する。

2

目を閉じ、
彼らが無垢で優しい心の持ち主であることをイメージする。

3

見てくれや態度を考慮せず、
無条件に彼ら全員の良心を意識する。

4

彼ら全員に対して、ひとりずつ、
今日1日充実した良い日になるように下車するまで祈る。
実際に彼らの幸せになっている姿を想像してみる。

5

終わった後、
自分の心に何が去来しているか好奇心を持って観察してみる。

もちろん、これで別に相手の態度や過去が変わるわけではない。でもボクらの感じ方が変わる。思いやりや、慈しみの願いによって、怒り、猜疑心、嫉妬などが薄らぎ、結果、自分の心が穏やかになるのであれば、まさにSubjective Wellbeing (主観的幸福)、他にどう思われようが自分が幸せと感じている、それで完結でいいではないか?

ボクはフィンドホーンというスコットランドの北部にあるエコビレッジで、これらのやさしさを鍛える瞑想三昧のワークショップに参加したことがある。3週間、ひたすら他者の幸せを願うことを鍛錬した。

帰路、ロンドンに立ち寄りハイドパークを散歩しているときに、行き交う人を全て愛しく感じてしまって、思わず抱きしめたい衝動に駆られて困ってしまったことがある。職務質問されなくて良かった。

リベンジ in 東横線

愛情を感じることはこんなにも心地の良いことなのか、とボクはもっとコンパッションを鍛えていきたいという思いが強くなった。

利他の先に利己があることを悟ったのだ。

フィンドホーンから横浜の実家に帰ったボクは、朝早い打ち合わせが都内であったため、始発の東横線に乗り込んだ。通勤ラッシュのかなり前なので余裕で座れる。右隣にはボクと同じ年齢ぐらいのサラリーマンのお兄さんが席を確保した。とくにやることもないので、お兄さんもボクも目を閉じ、うとうとし始めた。

しばらくして電車が菊名駅に停車し、また出発すると、何か酸っぱい臭いがしてきた。目を開けると、向かいの席に中年の女性が座っている。彼女の姿を観察するとどうもホームレスの人らしい。何日も洗濯できず、お風呂にも入れていないのであろう、うっすらと髪は脂っぽく、衣服は微妙に汚れていた。鼻につく刺激臭は彼女からのものだった。

ボクの中で彼女に対する嫌悪感が出ていた。負け犬のアンタの臭いのが俺の鼻腔に届いてるよ、どうしてくれるのよー。次の駅でさっさと降りてよ、おばさん。そんなネガティブな雑念でいっぱいになり、居眠りの時間どころではなくなってしまった。

隣を見るとサラリーマンのお兄さんにも同じことが起きていた。おばさんを凄い形相で睨んでいたのである。それがトリガーになり、未熟なボクは、ふと思った。そうだ、ここでコンパッションのスイッチをオンにしてやろう。

一旦、心を落ち着かせ、ゆっくりとやさしくおばさんを眺めた。

おばさんは隣のお兄さんのガン見を察知していて、申し訳なさそうな顔をしている。そういった迷惑をかけるのが嫌で、おばさんはわざわざ始発に乗って人目を避けようとしていたことが想像できた。

なんだかおばさんを守りたくなってきた。よく見ると、なんだか愛嬌のある顔をしてる。可愛らしいぞ、おばさん。

次の駅に着いた。おばさんはまだ降りない。お兄さんはがっかりして、眼光を更に強くしガン飛ばしの真っ最中。

ボクはおばさんに対するコンパッションを更に強めた。少し汚れているが一張羅を着ているおばさんは、これからパートの面接に行くのかも知れない。頑張ってね、おばさん。

次の駅に着いた。ここでも降りないおばさんはお兄さんの舌打ちを聞いて、より小さくなっている。おばさん、こっち見て、ボクがやさしく見守っているよー。

そんなこんなで東横線は終点の渋谷駅に到着。降車するおばさんを後ろから見送るボクは、良い1日になるように、おばさん、応援するよ、と心の中でエールを送った。

臭さは確実に鼻をついた。でも工夫次第で辛さには直結しなかった。なんとも清々しい気持ちで電車を降りたボク。振り返ると、隣のお兄さんはヨレヨレになってため息をついている。そうなのだ、道中、彼は地獄を見たのである。

たかが横浜から渋谷までの電車の中の出来事だけど、人生ってこんな感じじゃないかな。

やさしい気持ちで生きることで心が穏やかになるのだったら、人のためじゃなく、自分のために実践していった方が断然お得なはずだ。

ちなみに、隣のお兄さんにもコンパッションを送れるようになったらボクも相当なものだと思うので、精進を重ねていこう。

幸福は香水のようなものである。人に振りかけると自分にも必ずかかる。

ラルフ・ワルド・エマーソン（アメリカ合衆国の思想家、哲学者、詩人）――

利他からの利己

ロケットエンジンを更に加速する。やさしい気持ちや考えだけに留まらず、具体的なやさしい行動にギアチェンジしていく。

サラリーマン時代の元取引先や元同僚で、事業で大成功した人がいる。株式上場さえしちゃった人たちも稀ではなく、スゴロクだったらまさに「上がり」の状態だ。そんな人たちに時々、飲みに誘われる。銀座で高いお寿司をおごってもらった後に「栄治さん、そろそろ行きますか」と満面の笑みを浮かべて、最高のもてなしを用意してくれるようだ。

経済大国ニッポンの頂点を極めた成功者たちが、一体、どんな刺激的で幸せな場所に連れて行ってくれるのか、とワクワクしながらついていくと、ある場所に着いた。そこは銀座の高級ホステスクラブだった。露出の多いきれいな女性たちがたくさん待ち構えていて、これでもかとおべっかを使いながら、高いお酒をグラスに注いでくれた。後で聞いたらカクテル1杯6千円だったたと言う。

バリ島のウブドで映画happyのチャリティー上映をさせてもらったことがある。バリはなぜか白内障を患う人が多く、手術代が払えないがために視力を失った人たちが一杯いる。そこでそんな人たちに白内障手術をしているNGOを資金サポートする上映会となったわけだ。

ありがたいことに沢山のお客さんに来場してもらい、結果、13人分の手術を行う原資が集まった。

数週間たって、NGOから連絡が入った。生まれつき白内障で目が見えないという少年の手術が無事成功し、数日後に包帯を取るタイミングなので、是非、会いに来ないかというお誘いだった。

もちろん、自分が企画し集めたお金の使い途を知りたいボクは、少年の住む村まで連れて行ってもらった。


その村の集会所に到着すると、包帯をした少年の周りにお医者さんや看護師さん、少し距離を置いて、その子のお母さんと友人らしき同じぐらいの背格好の女性たちが心配そうに見守っている。それを囲むように多くの村人たちが集まっていた。

ゆっくりと包帯が外される。日の光がまぶしいらしく、少年はなかなか目を開けられない。村人達は固唾を呑んで見守る。

ようやく目を開いた少年は開口一番、「ブー（お母さん）」と叫び、まだ見たことのない母親をしっかりと見分け、迷うことなく駆け寄った。しっかりと抱きしめ合う母子。ボクも村人もみな、オキシトシン大暴発で号泣だった。

ちなみに、この鳥肌ものの感動を可能にした白内障手術代、いくらだと思う？　カクテル代と同じ6千円だ。

すでに自分のコップに水が満たされていて、それ以上注いでも溢れてしまうのであれば、他のコップを見つけてそれを満たすしか大きな充実は感じられないのかもしれない。

マインドフルネスは慈愛の下地

ボクは第1ステージでも紹介したマインドフルネスの演習を日々続けていく中で、心の安定が高まっているのを実感できるようになってきた。すると奇妙なもので、**心**

の穏やかさと余裕が増えるほど、これまで自分の幸せだけに集まっていた関心が、周りの幸せにも向けられるようになってきた。

これまであまり気にもとめていなかったものが目に入るようになってきた。例えば、暑い中、道路工事をしている作業員の人の汗だくのシャツを見て大変だなぁ、たどたどしい日本語で対応しているアジアから来たコンビニの店員さん、珍しい名前の名札をつけて心ないお客さんに意地悪されてないかな、守ってあげたいな、てな具合だ。

これにはちゃんと科学的根拠もある。「行動経済学」を確立したノーベル経済学賞受賞者のダニエル・カーネマン博士は、複数の神学校の大学生をAグループとBグループふたつに分けて、コンパッションに関する実験を試みた。

両グループに作業を与え、終わってからあちらのビルに来てくださいと指示を出す。ひとつ異なるのは、Aグループには何時何分までに来てくださいと時間を設定し、Bグループには時間設定をしなかった。

目的地のビルに向かう途中で、胸を抱えて具合悪そうにうずくまっている学生を待機させ、AグループとBグループのリアクションを見るという実験だ。

結果はどうなったかというと、Aグループは苦しむ人を助けることなくビルに急いで向かい、一方のBグループは躊躇なく立ち止まって介抱した。

この実験でわかったことは、人は時間に追われていたり忙しかったりすると、コンパッションを稼働させることが難しいということだ。

あくせくしているとストレスを抱えたり心がギスギスして、人を思いやる心の余裕がなくなってしまう。

この実験結果を踏まえると、人はやさしくなるために、忙しくない生活を選択するか、あるいは忙しさは変わらないけれども、その中でも心がゆったりとした状態をつくれるように自身を鍛えていくしかない。

口を酸っぱくして言う。だから**マインドフルネス**なのだ。

第4ステージ

“Gratitude”

グラティテュード

「感謝の力を再構築する」

1杯目のビールの方が2杯目より美味しい。キンキンに冷えたジョッキなんかに注がれたりしたら意味もなく感動の「カァー」を発してしまう。しかし、2杯目は慣れてしまって有り難みが減ってしまう。3杯目からはついつい惰性で飲んでしまう。

いつでも1杯目の新鮮な感動を感じられるなら、それは幸せな能力であるはずだ。

ビールはほんの一例。モノが溢れかえっていて技術が格段に進歩した21世紀に生きるボクらにとって、先人たちが夢に見た生活、憧れた働き方が、実はかなり当たり前に感じられるようになってしまった。

ボクの両親世代の新婚旅行の定番と言ったら東京から近場の熱海だった。それでも彼らは一生の思い出として大いに感動できた。海外旅行なんていうのは選択肢にも入っていなかっただろうし、祖父母の世代まで遡ると、白い米をお腹いっぱい食べることが念願だったかもしれない。

なんと彼らはたかが白米で感動できたのだ、とコンビニのおにぎりを歩き食いしながら少し羨ましく思う。

ボクらの生きている21世紀、アルバイトをちょっと頑張れば、誰でもどこへでも行ける、おいしいフレンチが食べたかったら立ち食いレストランだってある、ローンの頭金を工面すれば、カッコイイ車だって手に入れられる。そんなモノとサービスに溢れた、でも有り難みの薄れた時代にボクらは生きている。

待ち構える快楽の踏み車

第4のステージでボクらの行く手を阻むのは「快楽の踏み車」というカラクリ。気をつけないといつの間にかはまり込んでしまい、みずみずしい感性が麻痺し、全てのものが味気なくなる無感動のゾンビになってしまう。

どういうことか。人間の環境に順応する能力の話をしよう。それはポジティブな環境下、ネガティブな環境下、両方で発揮される。

ノースウェスタン大学のフィリップ・ブリックマン博士らは3つのグループを対象に適応能力の調査をした。

宝くじに大当たりし、一夜にして巨万の富を獲得した「幸せであるはず」の22人、交通事故により半身不随、あるいは全身不随になってしまった「不幸せであるはず」の29人、そしてこれらの出来事とは関係のない無作為に選んだ22人。

当然、宝くじに当せんしたラッキーな人たちは高い幸福度を自己報告し、交通事故にあったアンラッキーな人たちは低い幸福度を報告、3つ目の無作為グループは中立の数値を示した。

ただ、この調査結果には注目されるオチがある。これらの高い幸福度、低い幸福度も、実は期間限定。時を経て調査すると、3つのグループの最終的な幸福度には大きな開きが見られなかった。

つまり、宝くじ当せん者の歓喜は永続せず、1年の間には元の幸福度に回帰、同様に、体に障害を持った悲嘆もそれほど長くは続かず、1年の間にはこちらも元の幸福度に回帰したとのことだ。

ポジティブ心理学では、宝くじ当せん者のように幸せな環境にいながらも、いずれは慣れてしまい、有り難みを感じられなくなる人間の悲しいサガを Hedonic Treadmill（快楽の踏み車）と呼び、幸福追求の最大の敵と評している。

カゴの中のハムスターがクルクルと回転する踏み車を一生懸命走り回しながらも、全然前に進めない様を形容した造語で、次の刺激、より大きな刺激を不毛に追い求めながら、一向に幸せを感じられないボクらの悲しい習性を示唆している。

もうひとつ皮肉な例をあげよう。

オリンピックのメダリストの幸福度を調べたところ、もちろん一番幸せを感じたのは金メダリスト。長年の特訓の成果が実り、全ての競争相手を制し美酒に酔うことができるから嬉しくて当然だ。

さて次に幸福度が高いのは誰だろう。実は予想に反して2位の銀メダリストではない。3位の銅メダリストの方がより幸せなのだ。というのも銀メダリストたちは自分の偉業の比較対象を格上の金メダリストに定め、常に「負けた」という事実に注視してしまう。一方、銅メダリストたちが比較するのは格下のメダルを取れなかった入賞者たちであり、それらの競合に「勝った」事実に注目するからだ。

これらの厄介な人間の習性をメディアもセンセーショナルに利用している。広告代理店の電通で長くから伝わっている鬼の十訓という経営指針を聞いたことがある人は多いと思う。実は高度経済成長時、それ以外にもう1セット、消費者の購買欲促進を狙った十訓が電通にあった。

戦略十訓

1　もっと使わせろ
2　捨てさせろ
3　無駄使いさせろ
4　季節を忘れさせろ

5　贈り物をさせろ
6　組み合わせで買わせろ
7　きっかけを投じろ
8　流行遅れにさせろ
9　気安く買わせろ
10　混乱をつくり出せ

お陰様で日本の経済は大変潤った。

しかし皮肉にもその間、経済成長スキームにしっかりと組み込まれたボクらの感動能力はかなり落ちてしまったのだ。

詩人の目の養い方

どうしたら快楽の踏み車というカラクリに嵌らずに済むのか。

感謝するに値するものがないのではない。
感謝するに値するものを、気がつかないでいるのだ。

中村天風（日本の思想家、ヨガ行者）――

意識が変われば、見えていなかったものが見えてくる。
これは、子供が生まれてベビーカーを買おうと思っていると、街を歩いていても次々とベビーカーが目に飛び込んでくる現象に似ている。

そこで視力を鍛える。**感謝する対象を見つけやすい眼力を高めるのだ。**

ちょっと演習してみよう。自宅のリビングルームでも、通勤途中の電車の中でも、買い物途中のスーパーでも良い。なにげなく周りを見回して欲しい。いつもの風景に慣れ親しんで、特に新しい発見もないだろう。

そこで、この30秒間だけ、例えば「オレンジ色」の存在を一生懸命に探して欲しい。するとオレンジ色の歯ブラシの取っ手、クッションの刺繍、車のヘッドライト、看板、ネオンサイン、出てくるわ出てくるわ、オレンジ色のオンパレードに遭遇するかもしれない。

オレンジ色の物体を新たに獲得したり購入する必要は一切なく、埋もれていた対象を意識の中で掘り起こす眼力が大事なのだ。

オレンジ色に続いて、同じ要領で「感謝の対象」を見つけられるようにする。

感謝のメモ

ポジティブ心理学でも感謝の力は大きく注目され、いくつもの増幅メソッドが開発されている。

映画happyでも協力いただいた心理学者のソニア・リュボミアスキー博士は「ありがたく」思える能力の検証結果を共有してくれた。

2つの被験者グループが1週間に1回、簡単に日記を綴るというシンプルな実験。被験者グループAは自分がありがたく感じていること5つを選んで簡単な日記を書く。もう一方のグループBは逆に、自分がせわしく感じていたり、迷惑に感じていること5つを選んで日記を記す。

この演習を毎週1回、10週間ほど継続する。

結果、グループBと比較してグループAの被験者たちは、より高い未来に対する楽観、人生に対する満足感を示しただけではなく、なんと、頭痛やニキビ、咳、めまいなどの身体的不調が減少し、加えてより活発に運動などをし始めたという結果が出た。

そこでこのステージの演習として、日記より手軽にできる「感謝のメモ」を紹介しよう。

1
紙と鉛筆やボールペンを用意する。
一気に書きなぐれるよう、
パソコンやスマホではなく手書きをお勧めする。

2
一旦、マインドフルに座って、
調身、調息、調心を心がける。

3
3分間、タイマーをセットし、昨日起こった
感謝すべき事柄をできるだけ多く書き連ねる。
文章にする必要はなく、ただ箇条書きで良い。

4
人と共有するのではないので、
恥ずかしがらず、頭に巡った感謝の対象を
放出するようにひねり出す。

感謝すべき事柄は大きなことでも些細なことでも構わない。子供が受験に受かったような大きなニュース、近所のコンビニでお兄さんが明るい表情で微笑んでくれた、という小さなことでも何でも良い。

もう書くことが出てこない～という状態に辿り着いたら、そこからが勝負。意識と記憶を総動員して踏ん張り、感謝のぞうきんを絞り続ける。

このエクササイズで再認識するのは、**我々の日常には「ありがたい対象」が溢れている**、ということ。

まず、ふっと心を調え、それら対象にちゃんと気付ける視力を鍛える。

そして更に、それら数多くの出来事を、一回だけのライブ体験で終わらせるのではなく、日記やメモのように後から振り返る時間を持ちながら、頭の中でその出来事を再放送するのだ。感動した映画をまた後で見直しても、まだまだ感動できるように、有り難い出来事も何度も疑似体験できてしまう。

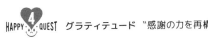

朝、シャワーを浴びたときに水が出たこと、これを当たり前と思ってしまったら、感動の機会をひとつ失ってしまう。しばらくするとお湯まで出てくること、それを普通のことと捉えたら、更にもうひとつの感動機会を見逃してしまう。そしてその感動を反芻しながら味わい尽くしたい。

モノとサービスに溢れた21世紀、**幸せを左右するのはインプットの質や量ではなく、それを受け止める吸収力なのである。**

感謝の手紙

感動の対象を拾いやすい能力を養えたら、今度はそれがどのように幸福感を加速するのか、感謝の手紙というエクササイズで体感してもらおう。

1

紙と鉛筆やボールペンを用意する。

2

一旦、マインドフルに座って、調身、調息、調心を心がける。

3

感謝している人をひとり念頭に浮かべる。
母親でも恩師でも、友人でも良い。

4

その人からお世話になった1シーンを思い起こす。
「お母さん、いつもありがとうね」というような一括りの手紙ではなく、
過去のある日に起こった特定の出来事、場所、時間、環境、
アクション、会話など、そしてそれによって自分がどう感じたかを、
しっかりと克明に思い起こす。

5

記憶をしっかりと遡れたら、
その本人に向けるかのように感謝の手紙を綴る。
タイマーなどはセットせず、自分の気持ちがしっかりと表現できる
時間の猶予を確保して文章を綴る。

この演習が終わった後、しばらく自分の心の中に何が起こるか、どんな感情が去来しているのか、しばらく観察して欲しい。

ドーパミン的な歓喜のような幸福感とは違った、なんともホロリとしてしまう、心が温まる穏やかな幸福のカクテルを堪能できるはずだ。


映画happyをペンシルバニア大学の心理学部で教材としても使ってくれているポジティブ心理学の開祖、マーティン・セリグマン博士はこう示唆する。

感謝の手紙をしたためた後、更に幸福感を増幅する方法は、シンプルにその手紙を感謝する本人に郵送する。ちょっと照れくさいかもしれないが、それをすることで自分も、そして相手も幸せになることが証明されている。

更に、もし可能であれば、その人を実際に訪ね、本人の前で手紙を読みあげる。

ボクのワークショップでは実際に携帯電話やスカイプを通じて、その手紙を本人にライブで読み上げるというバージョンにしている。

海外のいろいろなところで実施しているが、文化や言語の壁を超えて、スマホ片手に号泣する人が続出する無敵の幸福増強エクササイズのひとつになっている。

想像力のスパイス

感謝の対象を見つける力を養うには、想像力を働かせてみることもポイントだ。

例えば、スタバでコーヒーを飲んでいるとき。バリスタさんやキャッシャーさんに感謝する。そしてマインドフルになって、もう少し想像力を使う。

待てよ、このコーヒー豆を収穫してくれた人がどこかにいるはずだ。

コロンビアの山奥で腰痛を持ちながら汗を流して豆を摘んでいるロベルトさんがいる(かもしれない)。

毎朝、ロベルトさんが頑張れるよう卵焼きを料理している妻のフェルナンダさんがいる(かもしれない)。

フェルナンダさんは母子家庭で育ち、お母さんのダニエラさんが女手ひとつで貧しい家計を切り盛りした(かもしれない)。

ダニエラさんを見るに見かねて、助けてくれたアピア村の人々は、病気のときに無料で治療してくれた(かもしれない)。

あるいはエチオピアでコーヒー豆を摘んでいる農民アレムさん一家の尽力に感謝を馳せてもいいだろう。

固有名や実体はさておき、そういう人たちが確実に世界の何処かで存在したからこそ、目の前に1杯のコーヒーがあるわけだ。沢山の汗と涙、思いやり、犠牲が、コーヒーという形になり最終受益者であるこの不甲斐ないボクに注がれている。

「ロベルトさん、おいしいコーヒー豆をありがとう。フェルナンダさん、ロベルトさんを支えてくれてありがとう」などとつぶやきながら飲んでみると、いつもよりおいしく感じないだろうか。

そして、埃まみれの工場でこのコーヒーのマグカップをつくってくれた中国の大連市の王さんにありがとう、この座っている椅子を搬入してくれた佐川急便の杉浦さん、風邪気味だったのにありがとう。そんな過度な、でも現実味のあるへんてこりんな想像力を働かせて、少しずつ日常を感謝で埋めていく。自分は多くの人に生かされていることに気づくはずだ。

そしてコーヒーを飲んで頭がシャキッとしたボクはパソコンの前に座り一仕事する。書いているメール一通一通が、パワポに記入する図形ひとつひとつが、誰かへのサービスとなって、その人の幸せに寄与する。

ちょっとおセンチに聞こえるが、そこで気づくのは、自分はヒューマニティーという時間と空間を超えた壮大なる共同作業の一部に組み込まれていて、沢山の人々の恩恵を与かり、そして自分は更に良い形にして他の人にバトンタッチをしていきながら、受け継いだヒューマニティーに磨きをかけていく。

「感謝」というツールを用いて、自分という小さな個体を超えたより大きなものと繋

がることで、なんとも気持ちが落ち着き、相対的に些細な悩みや怒りがバカバカしくなってくる。

1日をポジティビティーでコーティングする

これは快楽の踏み車に陥りがちだったボクが毎朝しているテクニック。

朝起きたばかりでまだ目が開いているか開いていないかのタイミングで、ボクは呪文を唱える。ありがとう、ありがとう、ありがとう。特に何もありがたいものを想起していないタイミングでも、とりあえずこの呪文で1日をスタートする。

面白いものでこれを繰り返していくと、否応なしに徐々に感謝の対象が浮かんでくる。それは昨日の友人との会話だったり、自分が健康に新しい朝を迎えられたことだったり、平和な国で生きていられることだったり、朝ごはんを誰かが用意してくれていることだったりする。

そんな自分の置かれている環境に感謝の気持ちを添え、1日をポジティブに始めることで、家の外で待ち受ける数々のネガティビティーをスルリとかわせるような免疫ができてくる。

これから打ち上げで飲むぞ、という前にコンビニでウコンの力を飲んで胃壁をカバーしたり、ニンニクたっぷりの餃子をたらふく食うぞ、という前に牛乳を飲んでおく、みたいな予防ライフハックに似ていたりする。

涙腺が緩んでしょうがない

そんな感謝の視座を鍛えてくると、目に入ってくる全てのもの、関わり合う全ての人、この一瞬一瞬が尊く思えてくる。

街路樹は、黙ってこの馬鹿野郎の為に酸素を放出し続けてくれている。

今歩いている道路は、炎天下の中、誰かが汗を流しながら建設してくれた。

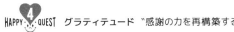

遥か昔、今、読んでいるこの本の文字を伝承するために、命を亡くした人もいるかもしれない。

そして、横断歩道で小さい妹の手を握って左右を確認して歩いている少女の姿。それだけでオジさんはお腹いっぱいになって泣けてしまうのだ。

変に思われようが、涙腺を緩めにキープして感動でホロリしやすい毎日の方が、一度きりの有限の人生、お得ではないか。


この世にはふたつの生き方しかない。

ひとつは奇跡なんて存在しないと思う生き方。

もうひとつは全てが奇跡だと思う生き方。

アルバート・アインシュタイン（ドイツ生まれのユダヤ人の理論物理学者）——


アナログなラジオをイメージして欲しい。歌謡曲、野球中継、クラシック、ニュース番組などを放映する様々なラジオ番組が、いつも混在している。ボクらはつまみを少しずつ回しながら聴きたい番組の周波数にチューニングする。でもこの瞬間に確実に放送されているはずなのに、波長が合わせることが出来なければ素敵な音色は絶対に聞こえない。

その心構えでFMグラティテュードを楽しんで欲しいのだ。

自分の置かれている環境を
新しい視座で捉え直すことができる

ここで皆さんに1曲、ルイ・アームストロングの名曲、「What a beautiful world（この素晴らしき世界）」をお送りしましょう。

木々は青々としげり
バラの花は赤く色づく
私やあなたのために咲く花たちを見ると
しみじみ思う
この世界はなんて素晴らしいんだろう

青い空と真っ白な雲
昼の輝きと夜の闇
しみじみ思う
この世界はなんて素晴らしいんだろう

空には七色の虹
過ぎ行く人たちの表情も美しい
友人たちは握手をしながら「ご機嫌よう」と言い
でも本当は「愛しているよ」と交わし合っているんだよ

赤ん坊が泣いてる
この子たちが育つのを見ていよう
これから先、私よりずっとたくさん学んでいくだろう
しみじみ思う
この世界はなんて素晴らしいんだろう
そう、本当に思う
なんて素晴らしいんだろう、この世界は

第5ステージ

“Optimism”

オプティミズム

「悲観しがちな心の癖を見破る」

先日、横浜の実家の近くの公園で、ある親子の会話が聞こえた。

ジャングルジムで無邪気に遊んでいる息子に対して、お父さんは「あぶない！」「あぶない！」を連呼。その度に、子供はビックリした表情になり、次第におとなしくなって、とうとうジャングルジムで遊ばなくなってしまった。

そりゃそうだ。もちろん、心配する気持ちはわかるものの、本来、大人が子供に言うべき言葉は「気をつけて」でしょう。

楽しいはずの公園の遊具に対して「あぶない」という感情のラベルを貼って育った子供たちは、一体、これからの人生のワクワクや、数々のエキサイティングな瞬間にどう向き合う大人になるのだろうか？

苦しむ事を恐れている人は、既にその恐れに苦しんでいる。

ミシェル・ド・モンテーヌ（ルネサンス期のフランスを代表する哲学者）——

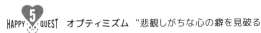

ネガティブなデフォルト設定

我々に不必要な恐怖感を煽るのは、日本社会の過保護な子育てだけではない。**元来、人間はちょっと怖がり気味、心配気味、悲嘆し気味にデフォルト設定されている動物なのだ。**

というのは、人類がまだ洞穴に住んでいる時代、外に出ればサーベルタイガーに食べられちゃうかもしれないし、冬に備えて食べ物を蓄えないと餓死しちゃうかもしれない、見張り番が寝ぼけていると隣の部族に攻め込まれちゃうかもしれなかったのだ。

つまり、楽観的でいるよりも悲観的に物事を捉えた方が生き延びる確率が高かったので、自然にネガティブに物事を捉えるよう幾分バイアスを掛けながら進化してきたのだ。

暗闇の中、地面にある木の根っこをロープと認識するより、蛇と知覚した方が、幸福度はさておき、生存率はより高く保てる。

しかしながら、ボクらの生きている21世紀、とっくにサーベルタイガーは絶滅しちゃったし、裸族が槍を持って襲ってくることはない。最悪のシナリオでも、生存を脅かす危険がない。なのに太古の昔にインプットされた「悲観」プログラムは、依然として大活躍しちゃってくれている。

こんな格好をしたら近所の人に変人と思われるかもしれない。マニュアル通りに対応しないと会社の評価がガタ落ちになるかもしれない。1分でも遅刻したらこの取引がご破算になるかもしれない。そんな風に形を変えて、サーベルタイガーたちはボクらの頭の中でいつも牙を剥いている。

真実が見えなくなる幻覚の魔法

この第5ステージで待ち受けている敵は魔法使い。幻覚の魔法を使いこなしてボクらの幸福度追求の邪魔をする。

これにかかると、特に、楽観できる物事が、心配すべき、恐るべき、悲しむべき、嫉妬すべき存在へと七変化してしまうのだ。事実を事実として、真実を真実として、あるがままに捉えられなくなるこの幻覚。心理学者はその威力をこう検証している。

ノースキャロライナ大学のバーバラ・フレデリクソン博士によると、**人はひとつ悪いことが起こったら3つ以上良いことがないと心理的なバランスが取れない**という「3対1の法則」というものを持っている。なんとも割の合わない話だ。

かく言うボクはどうか。これがもっとヒドい。過去にプロデュースした映画や書籍のクチコミ評価をネットで見るにつけ、90%のコメントが高評価であるにもかかわらず、辛口コメントがひとつふたつあるだけで、マインドフルネスを教える立場にありながら、しばらくの間、ひとりにしてよ～な黄昏感が炸裂する。

1日の中で人間の頭に巡る「考え」の数は5万から7万と言われている。起きている間の1秒ごとに1つの考え、という物凄い頻度で現れては消え、現れては消えているという計算だ。

メンタルヘルスの世界的権威である精神科医のダニエル・アーメン博士によると、

実にその中の95%は昨日と同じ考え。更にビックリなのが、そのうちの80%はネガティブな考えらしい。**ボクらは意識して変化をもたらさない限り、自動的にネガティブな考えを延々と繰り返すリピート再生マシーンになってしまうのだ。**

悲観の幻覚が強力すぎて、ボクらは紛れもない真実をそのまま額面通り受け止められず、根拠なきネガティブ思想を抱きやすい。まず幻覚の存在に気づくことから、魔法を解く一歩が始まる。

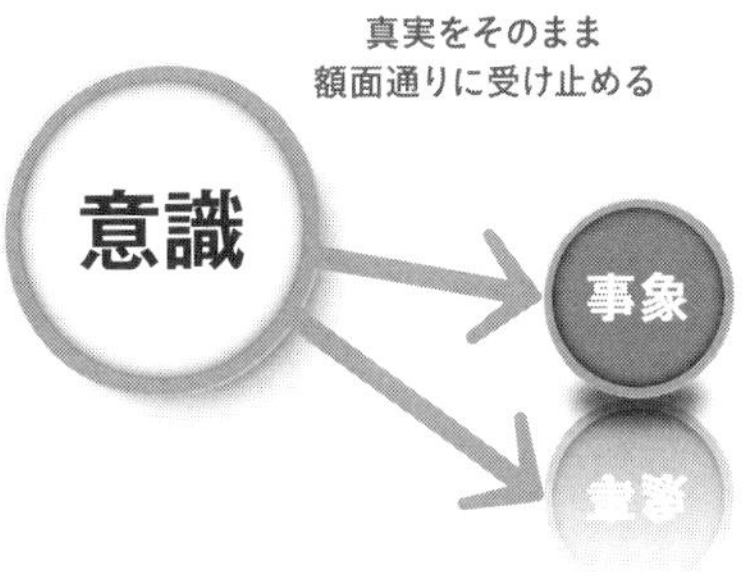

思考フレーム

前述のセリグマン博士のベストセラー、「Learned Optimism」では読んで字のごとく、「楽観は学習できる」とタイトルで言い切っている。

博士はその前提として、悲観者と楽観者は、何か良いことや悪いことが起こったときの要因を、自分自身に説明する思考のフレームワークが極端に異なることを指摘している。

永続性、普遍性、個人性という3つの評価軸を用いてその思考を分析してみる。

A　永続性（Permanence）：この事象は永遠に続くのか、一時的なのか？

B　普遍性（Pervasiveness）：この事象はここだけに限定されるものなのか、他の場面でもそうなのか？

C　個人性（Personalization）：この事象は私個人が要因なのか、他の外部の要因なのか？

この３軸で、良いことが起きた場面、悪いことが起きた場面での、楽観者と悲観者の思考を表にまとめる。

	楽観者		悲観者	
	良いことが起きた	悪いことが起きた	良いことが起きた	悪いことが起きた
永続性	今後も続くぞ！	一時的なことだ。	ただラッキーなだけだ。	こんな感じでお先真っ暗だ。
普遍性	別件でもうまくいくぞ！	今回に限った話だ。	今回、たまたまだ。	俺は他でもこうなんだ。
個人性	俺って凄いじゃん！	他の要因もあったしな。	他の条件に支えられただけだ。	全ては俺のせいだ。

楽観者は、良いことを体験しているときのイケイケドンドンな前向きの考え方、そして悪いことを体験しているときのドンマイ精神と、ちょっと都合の良いお調子者ぶりが浮き彫りになっている。

対照的に、悲観者はというと、良いことを体験しているときの謙虚すぎる考え、更に最悪のシナリオ、悪いことを体験しているときの目も当てられないほどの悲壮感が浮き彫りで、こっちまで虚しくなってくる。

みんなはどの思考フレームを使っているだろうか？

楽観者、悲観者、両者の思考フレーム、お互いに正当性があるように聞こえる。だがあえて繰り返し強調したい。実はその前の時点でボクらに標準装備されているのは、ネガティブへの偏重。つまり、**楽観的な人を現実離れしていると揶揄しがちだが、実は彼らの思考フレームの方が真実を真実として捉える現実路線なのだ。**

だからボクらは、乱用しがちな悲観の思考フレームの根拠を疑問視し、少し悲観度を差っ引いて、楽観の思考フレームワークを適用しないわけにはいかない。

オートパイロットのからくり

現代科学とスピリチュアリティーがコラボレーションをしているという話を紹介したが、Cultivating Emotional Balance（CEB）（感情のバランスを養う）というプログラムはその代表的なものだろう。

21世紀を代表する心理学者であり、その半生が「Lie to me」という人気TVドラマの題材にもなったポール・エクマン博士と宗教界のダライ・ラマ法王のトップ対談から生まれた、その名の通り、感情のバランスを開拓するためのカリキュラムだ。

博士はEmotion Episode Timeline（感情エピソードのタイムライン）という時系列を用いて、我々の感情がどのように生まれてくるのか、を解説している。

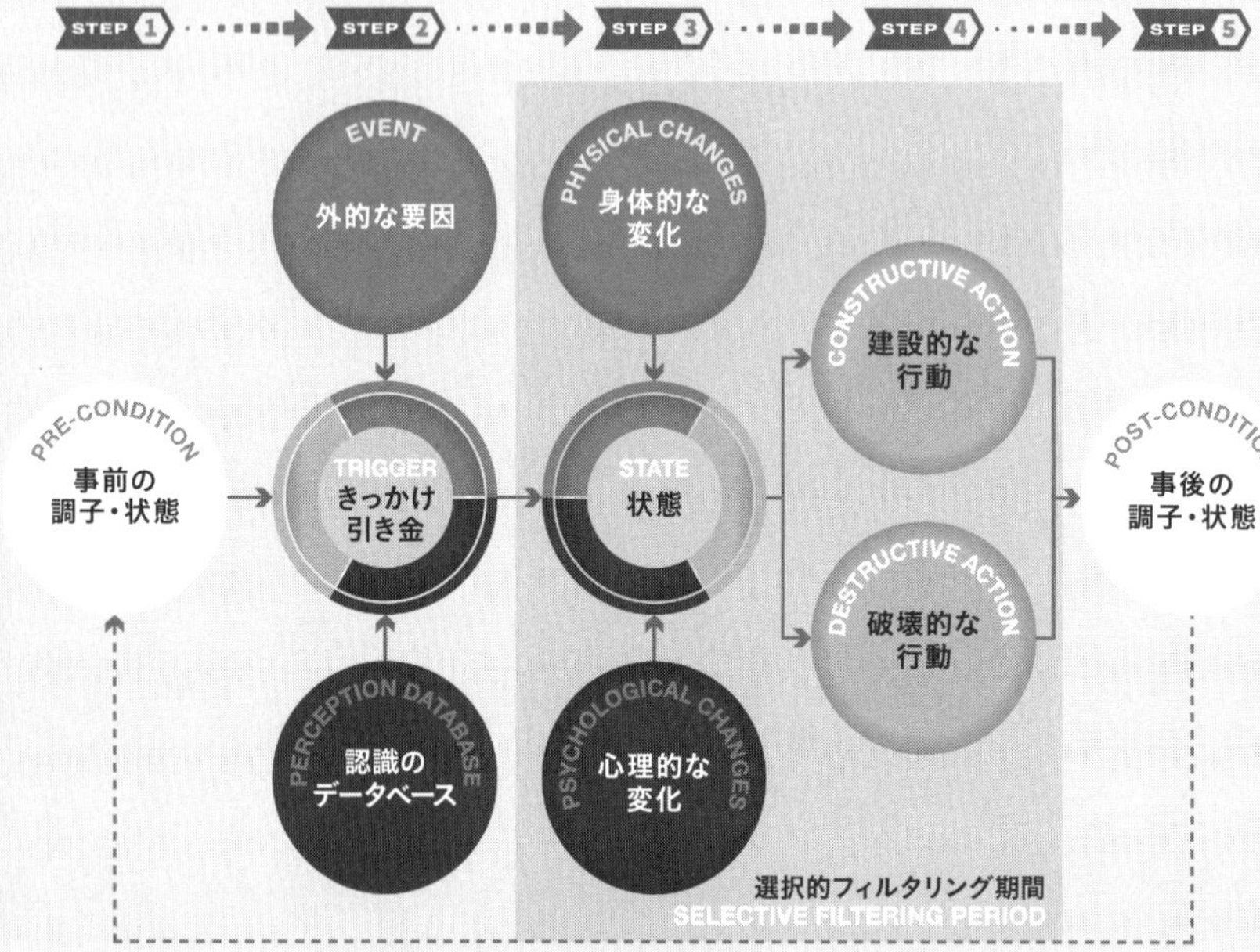

Emotion Episode Timeline

〜感情エピソードのタイムライン〜

※「Cultivating Emotional Balance」より

まず何らかの外的な要因（Event）がそれぞれの個人の事前の調子・状態（Pre-Condition）に触れる。それが他人の一言の場合もあれば、車窓に現れる景色かもしれないし、近所の犬の遠吠えかもしれない。

それらの要因が、我々の頭の中には感情のデータベース（Perception Database）で照合される。ここには、人生のこれまでの経験、良いことも悪いことも、些細なことも含め、膨大な量の記憶が収められている。要因が感知されると実に0コンマ何秒の速さでデータベースとの照合が行われ、今起こったことと、過去に似たパターンはあったか、それはどんな形で起こって、どんな結末だったかなど、検索エンジンの如く類似した記憶とマッチングされる。ちなみに幼少期の思い出やショックだった記憶ほど上位にランキングされやすい。

何度かの照合のし直しがきっかけとなって、その状況に適した状態（State）がリリースされる。そして車のオートパイロットの如く、自動的に姿勢や顔の表情といった身体的な変化（Physical Changes）や、イライラ感や不安感といった心理的変化（Psychological Changes）へと表出される。

そして最終的に建設的なものもあれば(Constructive Action)、破壊的なもの（Destructive Action）の別もあるが、具体的な行動へと繋がるという仕掛けになっている。
この一連のプロセスが、バリバリのＣＰＵを搭載したパソコンの如く、ほぼ自動的に完遂してしまうのだ。

Cultivating Emotional Balanceでは、選択的なフィルタリング期間（Selective Filtering Period）と言って一定の状態が表出し実際の行動に繋がるまでの僅かな時間の間に、人間にはできることがあるのだよと提唱している。
まずマインドフルネスが強調される。状態が起動し身体に変化を感じたら、そこで一旦、情動が動いていることに気づき、そしてやさしく、心のバランスを取り戻す。この極意はみんな、引き続き鍛錬してくれていると思う。

もうひとつの極意が、**情動が巻き起こっている最中、自分に標準装備されている生存のための悲観的思考フレームを意識し、データベース照合結果や、自分への理屈付**

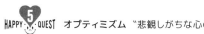

けの正当性を、「本当にそうなのか」と真偽を冷静に問い質す、ことなのだ。

ボクの例を挙げる。

リア充に見えても全然心が穏やかでなかった30代半ばまで、ボクは悲観しがちな人間だった。

ボクが出席すべき会議が勝手に行われていた時があった。それを知るとボクは途端に腹を立て、同僚を責めた。のけ者にされた、このプロジェクトからオレは外された、とモンキーマインドの暴走が止まらず、もう見事なまで被害妄想と勝手な自己正当化ナレーションが完成していた。

ボクの頭の中で何が起こっていたかというと、幼稚園生のときに砂場でのけ者にされて悔しい思いをした記憶とか、子供の頃に母親とデパートではぐれてしまい強烈に淋しい思いをした記憶とか、そういうデータベースに埋もれているトラウマとの瞬時の照合だ。その思い出がネガティブ感情を醸成し、胸が締め付けられたり、頭がカーッと熱くなる感覚を伴って、最終的にボクのイライラ発言に結びついていた。

ボクなしで会議が行われた理由は何なのか。マインドフルになって悲観傾向を考慮し、冷静に問い質す。

するといろいろな理由が見えてくる。そうか、単にボクが忙しそうだからと周囲は気を遣ってくれていただけなんだ、と単純であり、かつ正当性のある理由が明らかになったりする。

習気と受け給う

智慧の文化は、古くからこの一連の悲観しがちな心の癖をちゃんと認識している。

仏教に習気《じっけ》という言葉がある。

それはあたかも魚を包んでいた包み紙からは時間が経っても生臭さが消えにくいように、**良いことでも悪いことでも、過去に自分に起こったことは、現在の自分の思考、言動、行動パターンに大きな影響を及ぼし続ける。**

陥りやすい心の癖の存在を常に意識することで、ひいては自分という人間の成り立ちを把握し直し、よくない傾向は改め、取り巻く状況への達観した対処が選択できるとしている。

最後に楽観を養う上で、もうひとつ智慧の文化を紹介したい。日本の修験道の哲学が圧縮された象徴的な言葉がある。

受け給う（うけたもう）

大自然の中の荒行として山伏たちは長いこと山に篭り、滝に打たれる。かなりハードな修行として世界中で知られていて、途中でリタイアする人も少なくない。修行の間、修行者たちは発言することを制限されている。唯一、受け答えの言葉で使えるのが「うけたもう」。寒くて助けを求めたくても「うけたもう」。馬鹿野郎と怒鳴られても「うけたもう」。山から足を滑らせ捻挫しても「うけたもう」なのだ。

HAPPINESS TRAINING

つべこべ自分のオートパイロットを起動させる前に、一旦は受け入れちゃう、呑み込んじゃう、どんな現実も。寒くても、痛くても、眠くても、怖くても、うけたもう。何が起ころうともとりあえず受容してみる在り方が楽観を可能にする。

1 今日1日、不平不満を言わない（考えない）と誓う。

2 嫌なことに遭遇したら「うけたもう」を繰り返す。

3 夜、寝る前に心の状態を観察する。

「Yes, and」アプローチ

インプロという言葉を聞いたことがあるだろうか？ Improvisation を短く表現した単語で、即興劇にあたる。台本を使用せず、俳優がアドリブを駆使して演じる形式の舞台劇のことである。

今日では、舞台役者のみならず、一般人がワークショップの中でインプロを取り入れ、これまでと違った物事の捉え方と対応を、直感的に養うトレーニングにもなっている。

インプロの代表的なエクササイズ「Yes, and」を紹介したい。

人は何かを提案されたときに Yes と応えても、そのあとに and で返答を続けるか、but で続けるかによって180度対応が変わってしまうのだ。例えば……

公園に行こうよ

——Yes, **and** 思っきり遊ぼう

公園に行こうよ
——Yes, **but** 明日じゃダメかな
この企画はいかがでしょう
——Yes, **and** ここを改善するともっと良くなるよ
この企画はいかがでしょう
——Yes, **but** プレゼンのフォーマットがイケてないな

という具合だ。

この問答の仕組みを利用して、楽観を鍛える。

課題に直面したときに、修験道の修行者のように「受け給う」とあるがままに受け入れ、そこから「いいねー、それでは……」と対応することができれば、思考フレームワークの刷新が行われるはずだ。

HAPPINESS TRAINING

1

二人一組になる。

2

Aから提案や課題を出す。

3

Bが「いいねー」とレスポンスし、
「それでは」と続く肯定の理由を述べる。

4

A が「いいねー」とレスポンスし、
「それでは」と続く肯定の理由を述べる。

5

上記の問答を繰り返す。

日常の様々な課題に対しても、「いいねー、それでは……」と着想することで、良いことに意識を向けることができ、結果、状況が好転することが多くなるだろう。

大変です、プレゼンでプロジェクターが使えません！

――**いいねー、それでは**席を並び替えて円座で話ができる

――**いいねー、それでは**結束力が高まる

――**いいねー、それでは**ユニフォームもつくったらどうだろう

大変よー、アナタの彼氏が浮気してたの見ちゃった！

――**いいねー、それでは**新しいイケメンに鞍替えだ

――**いいねー、それでは**独身の歯医者さん紹介するわよ

――**いいねー、それでは**うまく付き合えばインプラント安くしてもらえるかな

清水さん、大変です。本屋でハッピー・クエストが全然売れてません。

――**いいねー、それでは**ポスター広告費をオンラインに回して電子書籍でベストセラーにしよう。

うーん、でもここは「うけたもう」したくないなぁ。

第6ステージ

“Self Efficacy”

セルフ・エフィカシー

「人生の主権を取り戻す」

魔境ハピネス山脈の山頂が近づいてきた。

心構えとして、このステージでは幸福度向上のテクニックを学ぶ、というよりはそれを実現しやすいライフスタイルについて議論したい。


バリ島での生活を始めた当初、リクルートにいた元同僚にそのときの収入を聞かれたことがある。

ボクは「サラリーマン時代と比べて、だいたい3分の1くらいかな」と答えた。

次にバリ島の物価水準を聞かれたので、「日本の3分の1ぐらいだな」と返答した。

そしたら「じゃあ、生活レベルは同じだな」と言われたので、ボクはこう返した。

「**ちがうよ。加えて時間は3倍ある**」


世界中の国々が幸福度順でランキングされる話を以前にした。1位がバングラデシュであったりコロンビアやデンマークであったりと、考慮される変数次第で、異なるランキングでは当然、順位が前後する。

しかし、我が国、日本はというと2015年の国際連合持続可能開発ソリューションネットワーク（UNSDSN）から出ているWorld Happiness Reportでは158カ国中で世界46位、2016年の国連からの報告書では157カ国中で53位、2014年のギャラップ・インターナショナルの調査でも68カ国中で28位と、経済的な先進国にしては散々な結果に終わっている。

国別幸福度ランキングの落第生、日本の伸びしろ

ポジティブ心理学の学会などに参加すると、日本、韓国、台湾を含めた富める東アジアの国々の幸福度がなぜ低いのかと、半ば失笑気味に引き合いに出されたりする。

多くの場合、相対的に貧しいのに幸福度は高いラテンアメリカ諸国と対比させられ、その違いを議論するというパターンが多い。

でもね、日本の幸福度ランキングは、ある変数を考慮しなければ実はそんなに低くないのだ。

日本社会を幸せにする伸びしろ的な変数。それがTime Affluence（時間の豊かさ）と、この第6ステージでマスターしたい**Self Efficacy（自己効力感）**になる。

つまりこのふたつが改善されれば、日本人の幸福度も大幅ランクアップが見込まれる。

時間の豊かさについては、誰もが何かにせわしなく動き回っていると思うので説明するまでもないだろう。

一方、自己効力感は少し補足が必要だ。ボクのお気に入りの別称は「**自分の人生を自分でコントロールできてる感**」。いやいやながら他人、所属する団体、宿命にコントロールされていない状態のことだ。

ちなみに文化的幸福度の違いを研究している韓国の延世大学の心理学者、ユンクック・マーク・スー博士にお話を伺うと、ラテンと東アジアの人々の大きな差異のひとつは、家族や親戚との交流に見られるという。

ラテンの人々はその交流の時間と空間を率直にピュアに満喫するのに対し、東アジア人の我々は満喫しながらも、同時に、私はこうでなければならない、期待に応え親族の評判を傷つけてはならない、とプレッシャーとストレスを感じる人が多いとのことだ。

所属するグループに対する過度な帰属意識、これはアジアの集産主義文化の弊害らしい。みんなはどうだろう？　親類の前で、ひいては世間様の前で、ゴーイングマイウェイで行けてるだろうか？

あなたにどう思われようが関係ないわ。
あなたのことなんて考えた事ないから。

ココ・シャネル（フランスのファッションデザイナー）――

人造人間ショーガナイ

日本人の口癖、しょうがない。この一言で、ボクらは意思や思考を持たない人造人間に変身してしまう。

背景や論理は関係ない、どんな状況であれ、しょうがない、とそらんじるだけで、自分にとっては大事な主張も容赦なく強制終了、放棄するように設定されている。

楽しみにしていた子供の運動会、上司に急な案件と言われ、出社。
――**ショーガナイ**。
会議で主張したい意見、みんなが黙っているので空気を読んでとりあえず萎縮。
――**ショーガナイ**。
夢にまでみた海外でボランティア活動、両親の反対があるから諦める。
――**ショーガナイ**。

本当に本当に、しょうがない、の一言で思考を停止し、第三者による正当性に外注してしまって良いのか？

諦めを学習した犬

マーティン・セリグマン博士が、人は楽観を学習できるということを研究していることはお話しした。また博士は同様に、**人は「諦めること」も後天的に学習できる**ことを示唆している。

何匹かの犬をふたつの檻に収容する。両方の檻には電極に繋がれ、ピリピリとした感電を通じて犬たちを常に不快な状態にさせている。

しかし、ひとつ目の檻にはレバーが設置してあり、それを引くことによって電流が停止する細工がしてある。犬は即座にそのからくりを学習し、不快な想いをしないように自ら環境を改良することを学んだ。

同様に、もう一方の檻にも電流が流れていて、その中の犬は不快な想いをしている。ただこの檻には電流を制御するレバーが設置されておらず、この犬は一切コントロールできない。電流が止まるのは隣の檻の犬がレバーを引いたときのみ、という仕掛けだ。この犬の運命はもう一匹に委ねられている。


しばらくたって、この犬たちは場所を移動し、新しいふたつの檻に別々に入れられる。今度はレバーの代わりに新しい電流を止める細工がしてあり、双方ともその使い方を教えられる。

興味深いのは実験再開後、前者の犬は早速細工を操作し、電流の流れない状況を自ら作り出すのに対し、後者の犬は何もせず、檻の隅で尻尾を丸めて怯えクンクン泣き叫び続けたという。

つまり、彼は「諦めよう、しょうがないワン」と不快になりながらも状況に甘んじることを学習してしまったのだ。

自由でないのに自由であると考えている人間ほど奴隷になっている。

ゲーテ（ドイツを代表する文豪）――

呪いを解くおまじない

人造人間ショーガナイをリセットし、自己効力感を取り戻すふたつのおまじないを紹介する。

世界中で広がるエコビレッジ・ムーブメントの総本山である前述のフィンドホーン。人と自然が共生しながら持続的に生きて行く方法、エコビレッジの作り方と運営の仕方を学びに世界中から多くの人が訪れ、ともに学び、しばらく生活を共にする。

そこで人生を豊かにする様々な信条を表現するフレーズを学ぶのだが、代表的なものに……

ときに自分にYESという為に、他人にNOと言おう。

がある。他人の権利を尊重せずワガママ放題しなさい、と言っているのではない。フィンドホーンは共生が一大テーマであり、環境や他者と持続的に共生するためには、まず個が自分の健全なる欲求に素直でなければならない。その為には個が自分の人生を選択できることが必須であるとしているのである。

いつも周りにイエスマンの良い子ちゃんであり続けて、本当に主観的幸福（Subjective Wellbeing）を感じられるだろうか。

もうひとつのおまじないが、英語のままだがボクの座右の銘。躊躇する自分に一歩踏み出す勇気を与え、消極的な思考を一掃し、前向きな行動へと鼓舞する魔法のフレーズ。

それは……　**Fuck it**

ははは、と英語のわかる人にはわかるちょっとシュールな、でも含有のある深いフレーズ。とりあえず辞書を引いてみて欲しい。発音のイントネーションを間違えると逆効果になる場合もあるので、他の人に聞こえる場面でのご使用はどうか自己リスクで。

好きなところで好きな時間に好きな人と働く

21世紀に生きるボクらにとって、**効力感を発揮した生き方が、加速度的にがぜん容易になってきている**ことを忘れてはならない。

ボクがバリ島の何もない田舎に住んでいると思ってるでしょ？

実は、この辺鄙なエリアには歴史的に見てもものスゴイことが現在進行形で起こっているんだ。

インターネットのスピードがどんどん速くなる中、LCCなど格安航空会社が世界中をより密に繋ぎ始めている中、シェアリングエコノミーを活用し自宅を民泊として貸し出し、資産運用が格段に容易になっている中、世界中のデジタルノマドと呼ばれる人たちが自分の住んでいる街、国を飛び出し、バリ島やチェンマイのようなバケーションでしか訪れなかった場所に生活拠点を移し、普通に仕事をし始めたのだ。

ネットで常時繋がり、世界中に散らばっているチームメンバー、クライアントらと難なくコミュニケーションをとりながら、ちゃんと生計を立てている。

ボクも設立メンバーであるHubudというウブドにあるコワーキングスペースは、実に30カ国から約2千人のグローバルノマドたちが集う。

シャツはピシッとアイロンがかかっていてフォーマル、でも下半身は短パンとビーチサンダルでラフに、クライアントとスカイプでビデオ会議をし、ハンモックに揺られながらクラウドでeコマースの在庫管理をし、ココナッツジュースを飲みながらグラフィックデザインをし、プールに浸かりながらトレーダーとして株取引をしてたりする。

朝はサーフィン、スクーターで田園を通勤、仕事は集中して早く切り上げ、夕方からヨガ、夜はコミュニティーイベントに参加、または家族との濃密な時間に費やしているのである。

彼らの自由度の高い働き方に啓蒙され、今、世界中のリゾート地で同じような試みが開始され、特に東南アジアではその動きが加速している。

数ヶ月前に、このテーマでコンファレンスを開催したところ、世界十数カ国からコワーキングスペースオーナーたちが集まり、アイデアを交換したり、コラボレーションが加速している。

どこかのコワーキングスペースの会員であれば、期間限定で他のコワーキングスペースでも無料で施設を使えるようなリゾート地を渡り歩ける「コワーキングビザ」なる構想も膨らんでいる。

手に職があり、それなりのリスクを負えば、好きな場所で、好きな時間に、好きな人と、好きな仕事ができる。

悠長なことをと叱られるかもしれないが、これが既にこの田舎町で始まっている21世紀の現実だ。

彼らの職種は多岐に渡る。でも共通するのは**自分なりの働き方を探求しながら、組織や慣習、他人に依存せず、人生を自分でデザインしている**ということ。そんな自由を享受する一方、自己責任で批判やトラブル対応にも「受け給う」と能動的に対処している。そこにはハピネスも多い、とボクは見た。

デジタルノマドと自己効力感

「お前はいいよなー、でも営業というクライアントと膝をつき合わさなきゃならない職種じゃ、絶対不可能」と言い切る前述の元同僚に、ボクはこう諭した。

リクルートで多くの営業マンを管理していた頃、成績のいい営業マン、そうでない営業マン両方の行動分析をしていたが、前者は圧倒的に時間の使い方がうまいと感じていた。午前中に外出して、一度オフィスに戻ってまた外回りに出かければ、当然、移動で無駄な時間が発生する。クライアントAの後はそのままクライアントBに行くなどしてアポをまとめ、その後オフィスに行ってデスクワークをすれば、もちろん効率が良い。

もっと効率のいい営業マンは、それを週単位でまとめる。前半をクライアント回りで直行直帰、週の後半はデスクワークや社内会議にあてる。

これらを月単位でまとめてはどうか？　前半の１、２週間目はお客さんとの打ち合わせに、３週間目は関係者と調整して社内会議に費やす。そして、業務をこなすのに十分な電話もネットもメールも全て繋がる今の世の中、場所を問わない４週間目はデスクワークを熱海でも沖縄でもやっていい。海外だって視野に入れられる。
ちょっと飛躍しすぎだろうか？　ボクはそうは思わない。**人造人間になって思考を停止しなければ可能性を探索できるはずだ。**

ちなみにバリ島という拠点がありながら、ボクはこの本を初夏のベルリンで執筆している。なんでベルリンなのか、と日本の友達から真顔で聞かれるが、住んでみたい街だったから、としか答えようがない。

Behommというホームエクスチェンジサイトを使って、夏休み中、ベルリンに住んでいるある芸術家家族とバリ島の家を交換しているので家賃は二重に発生しない。

この調子で、冬はカナダのバンフでホームエクスチェンジし、スキーをしながらネットでちゃんとお仕事をしようと思っている。段取りとそれなりのリスクを覚悟しちゃえば、十分可能なのである。

Self Efficacyな町おこし

個人だけの話ではない。

コミュニティーの規模で自己効力感が幸福度を高めた例があると聞き、映画happyの取材先でイギリスの東海岸のサウス・タインサイドという街を訪れたことがある。

ブータンのGNH（国民総幸福量）に啓蒙され、経済や効率といった指標でなく、地方自治のレベルで市民の「幸せ」を行政方針の軸に置いたさきがけとして知られている街だった。

かつて造船業で栄えたサウス・タインサイドだったが、より賃金の安い東ヨーロッパへの工場移転とイギリス経済の不況のあおりを受け、街の活気はみるみる消えていき、繁華街はシャッター通りになり、同時に犯罪率は上昇していった。

そこで、就任したばかりの新市長が心理学者を招聘し、人間の幸福に関する欲求を満たす市政を実施し始めた。その市政改革のキーのひとつが「Self Efficacy（自己効力感）」

だった。市民が決められることは市民が参加して決めてもらう。これを基本とした。

例えば、ある区域で新しい公園建設のプロジェクトがあった。サウス・タインサイド市は公園建設の専門家を雇い場所選びや設計をさせるのではなく、あえてコミュニティーの住民にその権限を委ねた。

当然、彼らは専門家ではないから効率面などでは逆効果かもしれない。しかし、市民自らが中心となって、自分たちの子供たちが遊ぶ場所、近所の住民が触れ合う場所、そのための最適なブランコの高さ、ベンチの色、水飲み場の配置などを喧々諤々討議することで、参加意識、結束、そして当事者意識、コミュニティーの連帯が生まれた。

汗を流し建設まで携わり「じぶんたちの」公園を手作りすることで深まった愛着が、自主的な公園での集い、清掃、メンテ活動などに発展していった。

この積み重ねで、住民がより生き生きと生活し、犯罪率や失業率も大幅に減少、結果、企業誘致にも成功。今ではサウス・タインサイドは観光客も多く訪れる賑わいを見せている。

The Life School：自己効力感を鍛える学校

今の日本に自己効力感ってすごく大事だよね、って同感する仲間が集まって、ボクらは小さな学校を開校した。名付けて「The Life School」。本気で生き方と働き方に新しい視点を持ちたい、実際に行動に移したい人たちが集まる場、そんな感じの学校だ。予算も学校法人格もないボクらは、もちろん校舎を建てることもレンタルすることもできない。

そこで1年に1回か2回、キャンプ場を借り切って、大草原や河川敷でポップアップアカデミーという手法を取っている。

人生をもっと充実させるライフハック、仕事を効率良く楽しくさせる能力開発、目から鱗が落ちる新しい視点を養う講座。ビジネスリーダー、文化人、ちょっと変わり者の講師から学ぶ。

お陰様で大好評で、最近、同じく自己効力感アップが求められる韓国のソウルでも姉妹校が誕生した。(http://life-school.net/)

学校で、ボクらの大事にしたいことをThe Life Schoolマニフェスト、としてまとめた。

その中のお気に入りを読者のみんなにも力強く届けたい。

自分のシアワセを人任せにしない。

第7ステージ

“Meaning”《ミーニング》

「人生の意義を見出し、自分の伝説を刻む」

死んだらボクらはお終いなのか？肉体が滅びると魂も滅びるのか？永遠に生き続ける方法があるのか？

スーパーマリオは毒キノコに襲われて死んでも、谷間に落ちて死んでも、新たな命を1UPして再生し生き続ける。いよいよ魔境ハピネス山攻略の大詰めでは、そんな不死のテクニックを学んでいこう。

おいおい、なんか怪しい新興宗教みたいだぞ。確かにオカルトっぽい。しかーし、永遠に生きる方法、実は存在する。そしてこの悠久の視座を持つだけで、なんだか日々幸せな気分になってくるのだ。

幸福学を研究しているボクな訳だが、実は毎日、自分の死について考える。思い詰めて自殺を計画してたり、死の恐怖に縮こまってたりするのではない。極めてポジティブに、自分は最期の瞬間にどうありたいかを考えているのだ。

キレイに死のう

そのキッカケになった出来事がある。

映画happyでは、インドのコルカタにあるマザー・テレサの「死を待つ人々の家」を密着取材した。

そこはカーストの最下層で家族に見放され路上でそのまま朽ちていく人、どこの病院も受け入れてくれない貧しく障害を持った老人などが収容され、シスターとボランティアに尊厳を守られながら、安らかな死を迎えるホスピス。ボクも多くの死を目撃した。

結果的には、献身に従事する人たちのコンパッションが映画の取材の対象になったものの、個人的に特に印象に残ったことが他にある。

それは穏やかな死に方と乱れた死に方の存在。

そこには、人生最期を受け入れ静かに逝く人、みんなに感謝して微笑んで逝く人もいた。

その一方、死の瞬間を怒りや恐怖などの圧倒的に荒ぶる情動に揺さぶられ、足掻き、生にしがみつきながら息絶えていく人が明確に存在したのだ。

もちろん、彼らの抱えてきた個々の身体的、精神的な苦しみや痛みについて予備知識もないボクに、その人生を判断する資格はない。だけど余りにも両極端な死の在り方を目の当たりにしたボクは、自分の最期はどっちのパターンになるのか考えない訳にはいかなかった。

長かろうが短かろうが、極めて確実にいつか人生は終わる。

だからIF（かどうか）を問い質すのは不毛、多くの人はWHEN（いつ）を常に気にしている。

幸せを研究するボクはあえて、みんなに、そして自分に問いたい。

HOW（いかにして）、死を迎えられるか？

思想、芸術、宗教の観点でも、知の巨人たちは死についてこう語っている。

死への準備をするということは、良い人生を送るということである。良い人生ほど、死への恐怖は少なく、安らかな死を迎える。崇高なる行いをやり抜いた人には、もはや死はないのである。

トルストイ（ロシアの小説家、思想家）――

このところずっと、私は生き方を学んでいるつもりだったが、最初からずっと、死に方を学んでいたのだ。

レオナルド・ダ・ヴィンチ（イタリアのルネサンス期の芸術家）――

死は人生の終末ではない。生涯の完成である。

マルティン・ルター（ドイツの宗教改革者）――

ならば、かなりキレイに死んでやろう。穏やかに、朗らかに、いっそのこと、ちょっと笑みを浮かべて、周りの人がびっくりしちゃうぐらいキレイに死んでやろう、と思う。空を高くゆっくり飛ぶ白鳥のように、湖面に着地点を定め、全てを受け入れ納得して、優雅に着水してやる。ガァーガァーガァー、死にたくない、死にたくない、と水面でばたつくアヒルにはなりたくない。

しかし、このままでは、往生際の悪いボクは最期の最期で必ず足掻くはず。

そこで逆算する。**キレイに死ぬために、生きている間にやれることは何だ？**

死をポジティブに意識する

まず、死をリアルに感じてみよう。

チベット仏教の中に、死を体感する瞑想がある。バーチャルながら臨死することで、何が大事なのかを見極める、かなりドラマチックな内観法だ。

まず、いつもの通り、マインドフルな呼吸、身体、心を確保しよう。照明を消した部屋でリラックスして座っても、あるいは仰向けになっても良い。

そして、目を閉じて下記のガイダンスに従う。誰かにゆっくりと読み上げてもらっても良いだろう。

死のリハーサルを行います

多くの人が迎える自然死を想定します

その状況を今、ここで起きていると想像します

イメージを強く浮かべてください

マインドとカラダに起こっている感覚をビビットに想像してください

シーンを設定します

アナタが臨終を迎えている場面です

あなたはベッドに横たわっています

家族、友人に囲まれています

これまで経験したことのない体感を感じています
病院の一室にいるようです
きれいに消毒された病室の、白いシーツの上に横たわっています
お医者さんと看護師さんがめまぐるしく入退出を繰り返しています
あなたの枕元で何か話し合っています
友人があなたの手を握りながら、心配そうにアナタの顔を伺っています
そして、あなたはとても弱く、無抵抗な感覚を感じています
天井を眺めています
これまでにない感覚に遭遇しています
あなたのコントロールが届かない感覚です
これが死が近づいている兆候です
カラダが重く感じられてきました
ベッドに横たわりながら、カラダが地球に沈んで行く感じがします
もうカラダは動きません

あなたひとり、単独でこの体験をしています
目は天井を見つめながらも
視界には蜃気楼な物が浮かびます
水面がキラキラ光る湖のようなものが見えます
カラダが乾いて行く感覚があります
特に口の中、舌が大きくなり不快な感じです
感情が入り乱れます
外の感覚、内の感覚の区別がなくなっています
全てがひとつの場所で起こっています
感覚の違いはなくなりました
耳も聞こえなくなってきました
僅かに周りの声や音が、はるか遠くの方から聞こえているような状態です
マインドが大きな雲や深い霧に覆われたようです
足が冷たくなってきました

寒気は体中を回ります
かかっている毛布はもう意味をなしません
もう何も見えません
とても孤独です、全てから離されたようです
そして、マインドの中で、突然、火の粉のようなものが近くに見えました
蛍のように至る所にいるようです
呼吸が浅く短く難しくなってきました
吸うのも難しく
吐くのも困難です
何の目的も、何かすべきこともなくなりました
もう感覚はありません
人生最期の息を吸い、最期の息を吐きます
マインドが、マッチでつけたような火を見ます
あたかも、暗く長いトンネルの先の明かりのように

その明かりも、もうそろそろ消えてなくなりそうです
完全な暗闇になりました
これが一般の死です

ゆっくりと自分のペースで目を開ける。
心が落ち着くまで、体はしばらくそのままにしておく。

これは痛みを伴わないおそらく最も静かな息の引き取り方。このように、あるいは、よりドラマチックな形で死の瞬間は必ず訪れるのだ。

紛れもないこの現実を踏まえ、何が本当に大事かを自問してみる。

ボクの場合、最期の瞬間に大事だったのは、何台のスポーツカーを所有したかでも、何人の女性と一夜を共にしたかでも、遺産をどれくらい残せたかでもない。格好つけたり、SNSでリア充を装う書き込みをしたり、他人を欺くことは比較的簡単だ。でも、人生の最期の最期で自分自身との対話になったとき、したことの全て、しなかっ

たことの全てを熟知しているこいつだけには、一切まやかしが効かない。このタイミングでこいつをがっかりさせる羽目になったら、まさに致命的だ。

何が本質的に重要なのか。

- **ちゃんと一瞬一瞬を大事に生きられたか（Mindfulness）**
- **ネガティブな情動に呪縛され続けてこなかったか（Resilience）**
- **自分と周りの人間に愛情を持ち、心を込めて接することができたか（Compassion）**
- **与えられた美しい環境に、しっかりと感動できたか（Gratitude）**
- **不必要な恐れに惑わされることなく、積極的に行動できたか（Optimism）**
- **自分の選択で人生をデザインできたか（Self Efficacy）**

そして最後に第7ステージのメインテーマ。

- **自分の人生に意義を見出せたか（Meaning）**

が幸せな死に方を迎えるにあたってキーとなる。

自分のクレヨンを全色使う

好む好まざるは別として、ボクという人間の素材がある。
人間としての構成要素。この性格、この癖、この身体と容姿、スキル、経歴、出生、
友好関係、学歴、生まれた時代、過去の成功と失敗の数々。
誰ひとりとして同じ配合のものはこの世にいない。

人生とは、箱に入ったクレヨンを全色使うことである。

詠み人知らず――

それぞれがユニークな色のクレヨンでアソートされたお絵描きセットだと思ってもらえば良い。

その全色をフルに使って渾身の絵を描くことができたら、絵の上手い下手は別として、死を受け入れやすくなるだろう。

色の使い残しは避けたい。そして**描いた絵が後世の人を感動させたり、役に立てたら、それこそ自分という個体は滅びても、他人にポジティブな影響を与え続けることによって、間接的に自分が生き続ける。**これが不死鳥に変化するテクニックになる。

自分構成要素の棚卸し

自分はどんなクレヨンの色を持っているのか。こんな調べ方がある。

まずひとつめ、ポジティブ心理学でも研究されているSignature Strength（長所・強み）探しを試してみよう。

人間は自分の持っている強みをしっかりと把握し、それを更に磨き、世のため人のために役立てることで幸福度が高まる。それが科学的根拠を持って提唱されている。

具体的にVIA-ISという強み診断ツールがある。（これは日本語のオンラインバージョンもあるので是非お試しいただきたい。http://www.viacharacter.org/www/Character-Strengths-Survey）

古今東西の文学作品や物語を集約すると、人間の長所や美徳は5つのカテゴリー、24の特性に分類される。

知恵と知識に関する強み

- 創造性
- 好奇心
- 向学心

・知的柔軟性
・大局観

勇気に関する強み

・誠実さ
・勇敢さ
・忍耐力
・熱意

人間性に関する強み

・親切心
・愛情
・社会的知能

正義に関する強み

・公平さ
・リーダーシップ
・チームワーク

節制に関する強み

・寛容さ
・謙虚さ
・思慮深さ
・自律心

超越性に関する強み

・審美眼

・感謝
・希望
・ユーモア
・スピリチュアリティー

VIA-ISのオンライン査定で20分ほど掛けて120の質問に回答すると、この24の強みの中から、5つの最も特徴的な強みが弾き出される。

みんなの強みは何だっただろうか？

仕事に日常の生活にちゃんと発揮しているだろうか？

そして誰かの役に立てているだろうか？

魚を木登りで評価したら、
魚は自分がバカだと思い込んで一生を過ごすことになる。
詠み人知らず――

HAPPINESS
TRAINING

あなたの5つの強み

1

2

3

4

5

仕事や日常に発揮しているか?
どうすればもっと発揮できるか?

世のため、人のための観点で役に立たせるには
どんな行動をとるべきか?

自分の強みは把握できた。

Who are you?

ただそれだけが手持ちのクレヨンの全てではない。もっと深掘りして、良いことも悪いことも些細なことも、自分の構成要素をもっと棚卸しする作業をしてみよう。

怪しいカルトとちょっと誤解されやすいインドにあるメディテーション・リトリートのOSHOアシュラムでは、二人一組になって、質問する側が延々とWho are you?（あなたは誰？）と質問する。答えは簡単、みんな即座に自分の名前を返す。

次の質問も同じ、Who are you?　答えは簡単、年齢や職業を述べたり、国籍を述べたり。同じ質問は更に繰り返される、Who are you?　答える側は趣味、家族構成、出身地など、プロフィール的な答弁から少しずつ遠ざかっていく。

この問答が10分以上繰り返されると、誰もが答えに窮し、表面的な自分から内面の深い部分の自分的要素を探索し始める。

中には幼い頃のトラウマ、今、自分が憤慨していること、自分が情熱を持っていると感じていること、潜在的意識の中の趣向などと絡めて自分という人間を説明し始める。

1 Who are you? 思いつく順に素早くメモする。

2 同じペースで質問と回答を繰り返す。

3 ペースを崩さずに書き連ねる。

4 答えるペースが保てなくなってから、
更に3分、自分という人間が何なのか、を絞り出す。

5 メモを止め、羅列した内容を読み直す。

6 間髪を容れずに最後の質問、
What are you here for?
（あなたは何のためにここにいるの？）
の答えを書き出す。

このワークにインスパイアされたボクのワークショップは、問答の最後にWhat are you here for?（あなたは何のためにここにいるの？）という質問で締めくくるようにしている。

半ば強引ではあるが、答える側はWho are you?で羅列した自分の要素を勢いで結びつけ、「私はこれをするが為に生まれてきたのです！」と発表する羽目になる。

突然、「学校の教師になる」「小説を書く」なんて言い出す人もいるし「会社を辞めて旅に出る」なんて宣言した後に、自分の発言にびっくりする人が多い。

意識を意識する

この際、Who are you?の自己探求、更に深いレベルまで行ってもらおう。

集中の矢印を折り返し、
意識自体が何なのかを観察する

Search Inside Yourself のプロモ映像制作で取材させてもらった世界的な精神医であり、ご本人も熟達した瞑想者であるＵＣＬＡのダン・シーゲル博士は、意識から発する集中の矢印を、呼吸や体の感覚、自分の心、他者の気持ちと対象をシフトさせた後に、もうひとつのステップを推奨している。

しっかりと尖らせた矢印を途中でペコンと折り曲げ、その矛先を意識自体に向けるのである。

そして観察する。

この意識という存在は一体何なのか？
肉体が死んだら、この意識も死ぬのか？
自分の意識は他人のものとは違うのか？
私は存在するのか？

あまりスピリチュアル談義に入るとこの本が怪しい書籍コーナーに積まれてしまうので、この辺でお開きにしよう。

でもこれらの問いを可能性として探索する過程で見えてくる世界観があり、それを踏まえて、今という時間、自分の肉体、自分を構成する全ての要素を何の為にどう使いこなしていくか、の模索を始めることができるのだ。

君が魂を持っているのではない。
君が魂なのだ。

それが身体を持っているだけ。

C.S.ルイス（英国の神学者、英文学者）――

幸せ探索は続く

そんなこんなで幸せフェチのボクは今、ちょっとヤバいプロジェクトを遂行している。稼いだお金は全てそこにつぎ込み、8年間、無償で働いている。内容を知っている一部の友人には命の危険も心配されている。断られた投資家候補には企画の不採算性を指摘された。

それは北朝鮮の政治犯収容所の内情を暴露する長編アニメ映画で、現在、東南アジアのアニメーターと製作中。

なにせ手間と金が掛かる、危険、多分儲からない、とやらない理由が満載のプロジェクトだ。

だけど絶対、やりたいのだ。

それをやることで20万人以上と言われる塗炭の苦しみを経験している政治犯の人権が守られる、なんて大上段には構える程、ボクは偉くない。

では、なんでやるのか？　それをやることで、ボクの人生が意味を成すと確信しているからだ。

ボクという人間を構成する素材、日本に生まれて沢山アニメを見て育ってきたこと、コリアンの血を持つこと、行動力のある友人たちにインスパイアされてきたこと、冒険心と好奇心が強いこと、差別を嫌うこと、インドネシアのバリ島に住んでいること、それなりにつらい経験もしてきたこと、映画の作り方を知ってること、まだ所帯を持っていないこと、人権漫画を出版したことがあることなど、それぞれ単体では大した意味を成さないパーツのひとつひとつが、このアニメ映画プロジェクトを遂行することによって有機的に繋がり、意味を持ち、ボクのしょうもない人生に説明がつくのだ。

それができたら、天才バカボンのパパではないけれど、「これでいいのだ」と笑って、ボクは人生の最期を潔く迎えられると思う。

イスラム教スーフィズムの大詩人ルーミーは、飢えた貧者の前を通りすがった男と神との対話をこう描写する。

男「おぉ神よ、何故、この貧しい人々に何もして差し上げないのですか？」

神「ちゃんとしたよ。お前をつくったじゃん」

資金難に喘ぎながら、アニメ映画なんて作ったことがないことに不安になりながら、ソウルで元政治犯への取材で電車移動する際には、身を守るためにプラットフォームの最前列に立つことを避けながら、ボクはこのミッションからビンビン発生している独特の幸福感にシビれているのである。

人それぞれのクレヨンボックス

ボクがたまたまメディアの仕事をしているから、少し派手で世の中にインパクトを与えやすいと聞こえるかもしれないが、**それぞれの人がそれぞれの手法で自分の人生に意義を見いだせるならば、何でも良いと思う**。

クライアントの笑顔を思いながら自慢の商品を売る営業マンでも、心のやさしい健康な子供を育てる母親でも、事故が起こらないようにしっかりとアスファルトを塗装する建設作業員でも。しっかりと、無二のユニークさを持つ自分の構成要素をしっかりと使い切り、自分という個体より大きなものにインパクトを残し、未来に繋がって欲しい。

大きな素敵な絵を描くことが目的ではない。
自分が持っているクレヨン全色を使って絵を描くという行為が幸せなのである。

人生で最も重要な日はふたつ。
あなたが生まれた日、そして何故かがわかった日。

マーク・トウェイン（アメリカ合衆国の作家、小説家）――

ラストステージ

“Epilogue”

エピローグ

「冒険のおわりに」

おめでとう！

ようやく魔境ハピネス山脈の頂上に到着した。目の前には最高の幸せを約束する伝説の秘宝が入っている木箱がある。

ワクワクしながら木箱を開けてみる。すると秘宝の代わりに古びた手紙がひとつ入っているではないか。

今、読んでいるこの本のエピローグがその内容だ。

The Journey is the Destination.

世界中の幸せを巡るドキュメンタリー映画happyの製作に入るにあたって、プロデューサーのボク、監督のロコ、そしてときどき手伝ってくれる彼の兄エイドリアンの3人で、ひとつ取り決めをつくった。

それは、「幸せ」をテーマにした映画をつくるミッションを持ったのだから、製作者のボクら自身が幸せを体現しなければならない、何があっても幸せな気持ちを大事にしていこう、ということだった。


どの業界でもそうだが、予定通りに進まず途中で頓挫してしまうプロジェクトが多い。インディーのドキュメンタリー映画なら尚更で、完成にさえ至らないお蔵入りのケースの方が圧倒的に多い。仮に完成してもちゃんと評価される方が稀。

でも、もしかしたら、もしかして、ある日、ちゃんとプレミア上映に漕ぎ着け、多くの人を感動させ、映画祭で賞なんかもらえちゃう栄光の瞬間があるかもしれない。

それは紛れもない幸せの瞬間だろう。


でも、ボクらが考えたのは、その実現するかもしれないし、実現しないかもしれない「たら」「れば」の未来に、日々の大事な掛札を全て賭してしまうのはリスクが高いし、第一、非効率的だろう、ということだった。
目的を達成したときにのみ幸せを感じるなんて、受かるまで、そして受からなかったら地獄の日本の受験勉強と同じ、ゼロイチではなんとも勿体ないのだ。
そうではなくて、目的地に辿り着くまでの長いプロセスに幸せを見いださなければ嘘だよね、という仮説を立て、そんな哲学みたいなものをまず3人で握った。

目的地に辿り着けるかではない。どう旅するか、ということだ。

ダン・エルドン(ロイターの伝説的な戦場カメラマン)――

もちろん、ボクらの6年間の映画制作プロセスが順調だったわけではない。
編集作業中、方向性の違いで親友のロコとは何度も仲違いしたし、はるばる世界の端っこまで辿り着いてインタビューした対象の話がいまいちで無駄足になったり、トムから授かった制作資金が底をついてカツカツの自腹を切るはめになったりと、思い返せばトラブルや悩みは枚挙にいとまがない。

エイドリアンと革命前のエジプトの首都カイロでイスラム圏の幸福について取材に行ったときに、ムバラク独裁下の政治的にかなりデリケートな場所にカメラを持ち込んだのが見つかって、秘密警察に追われたこともある。

重い機材をかついで、捕まったら大変だぞ、とパニくりながら必死にカイロの繁華街をダッシュで逃げた。

そんな大ピンチの中でも、ボクらには例の取り決めがあった。

全ての過程を楽しんじまえ。

このへんてこりんな好奇心と達観があったことで、怖いけどなんだかそれすらエンターテイメント化している自分がいたのだ。

エイドリアンも猛ダッシュしながらも、こちらをチラ見している。目が合ってしまい、お互いに思わずニンマリ。

手前味噌ながら、できた映画が高く評価され、スタンディングオベーションなんかを受けることがある。

それは確かにエゴがくすぐられハッピーな瞬間なのだが、今、振り返ると、実はこのカイロの逃亡劇の方が、より思い出深い幸せな出来事に感じる。

こんな少しへんてこりんな達観がボクらの6年間の無謀な挑戦を抜群にハッピーなものにした。

ハッピー・クエストに込めた想い

この本のタイトルは出版社さんと試行錯誤の末、お馴染みの大人気RPGゲームのタイトルにあやかりつつ、読者を冒険の旅に誘う意味を込めて「Happy Quest」とした。

英語として目的語のHappinessという名詞を探すクエストではなく、敢えて形容詞のHappyを使った。

そうなのだ、happinessをクエストするのではなくクエスト自体がHappyじゃなければダメだと思うのだ。

チルチルミチルの如く、いつの日か幸せの青い鳥を見つける、ドラゴンクエストの如く、いつの日か竜王を倒して姫を救う、そうして初めて幸せに辿り着く、というエンディングではそれまでのプロセスが勿体ない。

今、この過程、このクエスト、この瞬間を、強引に幸せに感じてしまうコンセプトを、この本で伝えたかったのである。

科学とスピリチュアリティーの共同研究を推進するThe Mind and Life Instituteは、日本でダライ・ラマ法王と科学者たちのパネルディスカッションを企画した。

多くの難しい質疑応答が交わされた後、大観衆が見守る中、パネリストの科学者から最後の質問が法王に向けられた。

「法王猊下が人生で一番幸せだった瞬間はいつでしたか?」

ダライ・ラマは宙を見つめてしばらく考え、身を乗り出し科学者をじっと見つめた。

そして微笑み、「**この瞬間です**」と答えた。

この本を読むみんながどんな境遇で、どんな困難に立ち向かい、どんな毎日を送っているか、ボクは知る由もない。

ただ、今、この本を手に取ってページをめくっている今のタイミング、そうまさにこの瞬間、読むのを止めて宙を見上げ、かるく深呼吸する、そしてちょっとだけ顔に笑みを浮かべる。

はい、ちゃんとやってみて。

すると、なんとなく自分の中で何かが開く。このオープンな感覚と友達になって欲しい。そして追い求めていた青い鳥なんか見つからなくても、竜王なんか退治できなくても、この何とも清々しい感覚だけは、実はボクらと常に存在することを忘れずに覚えていて欲しい。

ハピネスはいつもボクらと並走している。だから安心してクエストを楽しむのだ！

自分の脳をデザインする

近年注目されている脳医学の大テーマに「ニューロプラスティシティ」というものがある。

ニューロというのはニューロンが語源で「神経細胞」を意味している。プラスティシティは「プラスチック」。つまり、「神経細胞はプラスチックのように造形できる」ということを示唆している。

どういうことか、端的に言うと、人間の脳は外科手術をすることなく、変な薬を投与することなく、日常の思考や行動、何に意識を向けるかによって、機能だけに留まらず、その形状さえも物理的に変化することが、科学的に実証されたのである。

ロンドンで働くタクシー運転手たちは、その巨大都市の複雑な道路の組み合わせをちゃんと記憶してライセンスを取得しないといけないため、猛勉強をする。

結果、彼らの脳をスキャンしてみると一般の人と比べて海馬という記憶と空間的学習を司る部位のサイズが大きく発展していることがわかった。

また決まったルートだけを運転するロンドンバスの運転手と比較しても、同様に海馬がより大きいことがわかった。

ジャグリングと呼ばれる大道芸人が披露する曲芸を、未経験者20人にトレーニングしたところ、たった1週間で彼らの視覚認識を司る後頭葉の密度が増加した、という実験結果もある。

つまり、**育ち盛りの子供だけが脳の発展をコントロールできるのではなく、ボクみたいないいオジさん、オバさんでも脳は自在に造形できるのだ。**

私という人間は、偶然の産物ではなく、自らの意志で創り上げたもの

カール・ユング（スイスの精神科医・心理学者）——

川の流れのように

人間の脳には1千億個のニューロンが点として存在し、そのひとつひとつから、約1万個のシナプスが線となって、他のニューロンを繋ぎ合わせている。つまり脳は100兆を超える組み合わせが、くっついたり、離れたりしながら、複雑な情報を伝達している超巨大ネットワークと考えてもらうとわかりやすい。

それぞれのシナプス結合がボクらのユニークな思考や記憶を代弁し、それらの集積が概念となり、最終的にボクらの行動に帰結する。

例えるならば、水が流れれば流れるほど、川幅や深さが増し、放っておいても大量の水が簡単に流れやすくなる河川と同じで、**一定の思考や記憶を意識すればするほど、その回路は強度を増し、再現性が高まってくる。**

つまり、ときどき周りにいるあのキレやすい御仁は、キレればキレるほどキレやすい脳を日々つくりだしている。その逆もしかりで、意図的にしばらくある回路を使わないようにすることで、次第に水量は減り、その川は日照り、水の流れ自体を悪くすることも設計できるのだ。

だから覚えたてのマインドフルネスでも、偽善のやさしい行為でも、にわか感謝でも、楽天家気取りでも良い、とりあえずこの本に書いてあることを実践してみる。

そのうちニューロプラスティシティが稼働し始めて、自然と思考パターン、行動パターン、そして脳が変わり始めるはずだ。

はじめに人が習慣を作り、それから習慣が人を作る。

ジョン・ドライデン（17世紀の英国の詩人）――

13

現実も変えられる

脳が変えられることがわかったところで、現実も変えてしまおう。またまたマジックみたいなことを、って？

面白い実験結果を共有しよう。

コーネル大学の心理学者、デビッド・ダニング博士は、被験者たちをコンピューター端末の前に座らせ、ある画像を一瞬見せる。

その後、どんなものが見えましたか、の問いを出し、実際に彼らが見たと思ったものを回答してもらう、というシンプルな実験だ。

被験者たちはふたつのグループにわかれ、グループAはスクリーンに画像が出てくる直前に甘く美味しいオレンジジュースを飲まされる。一方、グループBは苦い青汁のような液体を飲まされた直後に、全く同じ画像を見せられる。

結果はとても興味深く、何が見えたかと聞かれたグループAは、それ自体が何の意味も持たないアルファベットの「B」として認識した。

そしてグループBの大多数は、その画像を不吉な数字とされる「13」と解釈した。

そう、どちらのグループも間違ってはいない。

ただ、甘いジュースでにんまり気分になるか、苦い青汁でしかめっつら気分になるかの差で、認識の中では、全く同じ現実が異なった形で存在してしまうのだ。

同じ環境下でも、幸せな人はどんどん幸せになる。不幸せな人間はどんどん不幸せ

になる。みんな、前者であろう！

踊っている人間を正気でない、と決めつける輩には、その音色は聞こえていない。

ジョージ・カーリン（アメリカ合衆国のコメディアン）――

人生のマニフェスト

映画happyの大ファンでもあり、共通の友人を介して知り合ったデイブ・ラドパーバーが興したニューヨークにあるHolsteeというeコマースサイトがある。そこで働く人たちやお客さんに配られているHolsteeマニフェストは、本業以上に有名だ。

筆不精のボクがこの本で伝えたかった想いが簡潔にまとめられているので、結びとして冒険の終わりにみんなに紹介したい。

これはあなたの人生です。

自分が好きなことをやりなさい。

そして、どんどんやりなさい。

何か気に入らないことがあれば、それを変えなさい。

今の仕事が気に入らなければ、やめなさい。

時間が足りないのなら、テレビを見るのをやめなさい。

人生をかけて愛する人を探しているなら、それもやめなさい。

その人は、あなたが好きなことを始めたときにあらわれます。

考えすぎるのをやめなさい、人生はシンプルです。

全ての感情は美しい。食事を、ひと口ひと口味わいなさい。

新しいことや人々との出会いに、心を、腕を、そしてハートを開きなさい、

私たちは、それぞれの違いで結びついているのです。

自分のまわりの人々に、何に情熱を傾けているか聞きなさい、

そして、その人たちにあなた自身の夢も語りなさい。

たくさん旅をしなさい。

道に迷うことで、新しい自分を発見するでしょう。

ときにチャンスは一度しか訪れません、しっかりつかみなさい。

人生とは、あなたが出会う人々であり、その人たちとあなたが作るもの。

だから、待っていないで作り始めなさい。

人生は短い。
情熱を身にまとい、自分の夢を生きよう。

みんなの幸せを心より願って。

初夏のベルリンにて　2016年7月吉日　清水ハン栄治

謝　辞

偉そうに、あたかも幸せの達人ヅラして著者という肩書きを頂戴しましたが、この本は数え切れないほどの人たちに支えられて完成しました。この場を借りて御礼を申し上げます。

ご支援頂いた全ての方のお名前を挙げたいのですが、ページの関係上、割愛をお許しいただき、代表して下記の皆さんに特別なありがとうをお伝えしたいと思います。

編集者として、時間を守らないボクにやさしく付き合ってくれた洋平さん、ありがとう。

天才バカボンの実写版ができたら絶対にパパ役決定、この本の企画を推してくれた歩さん、ありがとう。

素敵なデザインで本を仕上げてくれた実さん、ありがとう。

マインドフルネスのワークショップ、The Life School の相棒、谷さん、ありがとう。

暑い中、書店周りをしてくれているサンクチュアリ出版の皆さん、ありがとう。


ベストセラーの出し方を伝授いただいた尾原さん、ありがとう。

幸福学の師匠、慶応大学大学院の前野先生、ありがとう。

仏教の観点で Happiness トレーニングに磨きをかけてくれている広法さんと松村さん、ありがとう。

映画 happy で取材に快諾いただき、その有り余る知識を共有いただいた学者先生たち、ありがとう。

世界中で幸せのスキルを伝授いただいたお師匠さんたち、ありがとう。

映画 happy を一緒に作ったロコ、エイドリアン、トム、ありがとう。

お前が幸せを語るな、とボクの酸いも甘いも知っているオフクロ、いつもありがとう。


そして読者のみんな、ありがとう!

HAPPY QUEST《ハッピー・クエスト》

2016年7月25日　初版発行

著　　者　　清水ハン栄治

デザイン　　高橋実
編　　集　　滝本洋平
イラスト協力　ホンマコズエ

印刷・製本　株式会社 光邦
発行者　　　高橋歩

発行・発売　株式会社 A-Works
東京都世田谷区玉川3-38-4 玉川グランドハイツ101　〒158-0094
URL : http://www.a-works.gr.jp/　　E-MAIL : info@a-works.gr.jp

営業　株式会社サンクチュアリ・パブリッシング
東京都渋谷区千駄ヶ谷2-38-1　〒151-0051
TEL : 03-5775-5192　FAX : 03-5775-5193

ISBN978-4-902256-72-7　

PRINTED IN JAPAN
乱丁、落丁本は送料小社負担にてお取り替えいたします。

清水ハン栄治

クリエイティブ・アクティビスト、瞑想家、幸福学ナビゲーター。
「難しいけれど重要なことを、楽しく分かりやすく伝える」をモットーに映像、出版、教育事業を世界中で展開。
ポジティブ心理学をテーマにしたドキュメンタリー映画「happy - しあわせを探すあなたへ」は全米、カナダ、オーストラリアのiTunesで5週連続ナンバーワンに、人権を啓蒙する伝記漫画シリーズは30カ国以上で出版されチベット亡命政府指定の教科書にもなっている。
マインドフルネスなど「幸せを向上する」伝統文化を世界中で探求し、研修プログラムを開発、国内外の企業や大学などで楽しく分かりやすくレクチャーしている。
University of Miami MBA、Search Inside Yourself 講師
Cultivating Emotional Balance 講師
The Life School 代表

www.latinsamurai.com